Sobre a coerência do mundo

Eduardo Luft

Sobre a coerência do mundo

CIVILIZAÇÃO BRASILEIRA

Rio de Janeiro
2005

COPYRIGHT © Eduardo Luft, 2005

CAPA
Evelyn Grumach

PROJETO GRÁFICO
Evelyn Grumach e João de Souza Leite

CIP-BRASIL. CATALOGAÇÃO-NA-FONTE
SINDICATO NACIONAL DOS EDITORES DE LIVROS, RJ

L975s
    Luft, Eduardo
    Sobre a coerência do mundo / Eduardo Luft. – Rio de Janeiro: Civilização Brasileira, 2005.

    Inclui bibliografia
    ISBN 85-200-0694-9

    1. Ontologia. 2. Metafísica. – 3. Filosofia. I. Título.

05-0248
    CDD – 111
    CDU – 111

Todos os direitos reservados. Proibida a reprodução, armazenamento ou transmissão de partes deste livro, através de quaisquer meios, sem prévia autorização por escrito.

Direitos desta edição adquiridos
EDITORA CIVILIZAÇÃO BRASILEIRA
Um selo da
DISTRIBUIDORA RECORD DE SERVIÇOS DE IMPRENSA S.A.
Rua Argentina 171 – 20921-380 – Rio de Janeiro, RJ – Tel.: 2585-2000

PEDIDOS PELO REEMBOLSO POSTAL
Caixa Postal 23.052 – Rio de Janeiro, RJ – 20922-970

Impresso no Brasil
2005

Para Carina, Marco Antônio e Rodrigo

Sumário

PREFÁCIO *11*

A dizibilidade do mundo *17*

O mundo é inteligível? *19*
    O filósofo e a totalidade
    Em diálogo com o ceticismo

O discurso universal *26*
    O relativismo e sua superação
    Podemos conhecer o mundo em si mesmo?

O mundo como totalidade do dizível *34*
    O Princípio da Coerência como fundo de inteligibilidade
    Contra o saber absoluto
    Indicações para uma caminhada possível

Terminologia 1 *41*
Resumo *42*
Próximo capítulo *43*

A coerência do mundo   45

O pêndulo e a ordem do mundo   47
    Um olhar sobre a natureza do mundo
    O dizível manifesta-se como Ser
    O dizível manifesta-se como Aparecer
    A dialética do Uno e do Múltiplo

A eternidade do mundo   69
    Movimentos circulares
    O ruflar de asas eterno do devir universal

A evolução do mundo   85
    A coerência reverbera em múltiplas configurações
    Para onde seguem todas as coisas?
    A história multidirecional: um confronto com Hegel

Terminologia 2   109
Resumo   112
Próximo capítulo   113

A integridade do mundo   115

Sobre o bem   117
    Para além de modelos antropocêntricos em Ética
    O bem primeiríssimo e os bens particulares
    A hierarquia dos bens

O mundo, sua dor e seu bálsamo   139
    A dor do mundo
    A ilusão do incondicionado

O espelho do mundo   *148*
   A tecelã e a rede de valores
   A contemplação do mundo

Terminologia 3   *153*
Resumo   *155*
Referências bibliográficas   *157*

Prefácio

Você está sentado em sua sala, observando os ramos encharcados da macieira e sua dança vagarosa, indecisa. Ao fundo, o contorno das montanhas e sua majestade. A vastidão do mundo exterior explorada por seus olhos, na procura insistente por algo. O que faz o dia de hoje diferente dos demais? Por que não apenas os ramos da macieira, as gotas da chuva ou o gato cruzando o parreiral, mas o mundo mesmo, o mundo como um todo, perdeu a sua familiaridade? O seu eu mesmo em outro desfeito. Quem você é, e o que é o mundo?

▲

Por um instante, o seu olhar desvia das montanhas e pousa no ambiente próximo. O que você vê? Uma pluralidade de objetos sólidos, perfeitamente discerníveis, cada qual repousando em si mesmo, suportando sua própria existência de modo tão autônomo que retirá-lo do entorno não causaria o menor abalo em sua estrutura. Poderíamos mesmo imaginar uma situação hipotética na qual o mundo como um todo se resumisse a uma única entidade, a um átomo de existência, uma unidade inteiramente indivisível e perfeitamente simples. De um lado estão as coisas: esta caneta, esta mesa e o papel que sobre ela descansa; de outro, onipresente e curiosamente oculto, o seu olhar que recai sobre tudo isso e não pode deparar consigo mesmo; de um lado os objetos, de outro a sua perspectiva sobre eles.

Você e as coisas — dois mundos antagônicos e isolados. Tudo o que direi a seguir é uma tentativa de inversão dessa visão de mundo corriqueira, de seu desmonte para que uma nova perspectiva brote em seu lugar.

▲

O mundo seria constituído pela junção, aleatória ou regrada, de átomos significativos por si sós? Pense no exemplo inverso e estará mais próximo do que suponho ser a imagem adequada do mundo: pense em um perfil delicadamente traçado do rosto de um conhecido seu. Você pode dissecar mentalmente essa imagem: sobrará aqui um olho, ali um nariz, arrancados de seu sentido originário; desfazendo ainda mais as peças, restará um nada ininteligível.

A busca de significado exigirá a reinserção desses elementos na totalidade a que pertencem — qualquer rosto humano que lhe venha à mente, a imagem geral que é precondição para o reconhecimento de um nariz, um olho humanos. O todo dos eventos não pode ser dissecado sem perda. O mundo não pode ser atomizado: ele se apresentará sempre com certa dose de complexidade, e assim tem de ser compreendido.

▲

Mas o mundo seria inteligível por si mesmo sem que qualquer inteligência precisasse habitá-lo? É claro que podemos concebê-lo só do ponto de vista da inteligibilidade, como muitos o fazem: um vasto objeto disponível a uma inteligência ainda ausente, que a evolução tenderá, por acaso ou não, a produzir um dia, desvelando-se a si mesma. A verdade é que, desse modo, a própria inteligibilidade do mundo permanece inexplicada.

Na tentativa de solucionar o referido enigma, costumamos atribuir a ordem inerente ao mundo à presença de "leis naturais". Todavia, o que são "leis naturais" senão um novo nome atribuído a essa mesma característica intrínseca ao mundo, ou seja, a sua inteligibilidade?

Se o universo é destituído de inteligência, como explicar a presença de ordem, de regularidades ou "leis" no mundo? Ou pior: como explicar nossa própria presença no mundo? Observe a si mesmo: não é verdade que a inteligência preenche, de ponta a ponta, sua própria interioridade? Da intuição ao pensamento, das imagens plenas de conteúdo da sensibilidade à radical abstração das palavras, você não se sente preenchido por ela? Seríamos tão distintos dos demais eventos do universo que apenas em nós se manifestaria, dessa forma abrangente e radical, a inteligência criadora? A única resposta capaz de recusar a presença de inteligência no mundo, para muito além de nós mesmos, ou de nossa própria mente, tem sido o dualismo. O espírito vige em oposição radical à matéria. Mas a posição dualista não esclarece o vínculo entre matéria e espírito, que ao final terá de supor, e muito menos a origem ou mesmo o sentido de uma matéria totalmente destituída de ordem intrínseca.

Por que, em vez de se deixar afundar em tais impasses, não podemos investigar uma outra possibilidade: o mundo não é nem apenas inteligibilidade nem apenas inteligência, sendo ambas na verdade como duas faces indissociáveis de uma mesma moeda. No *Filebo,* Platão denomina inteligência ou *nous* o princípio de organização que faz do mundo um cosmos, uma totalidade ordenada; em Schelling e Hegel, o *nous* é denominado *razão*.

Seguindo essa tradição, podemos dizer: o universo é permeado por inteligência criadora. Entendo por inteligência ou razão o modo de organização universalíssimo inerente ao ser e ao pensamento, ou seja, o Princípio da Coerência.

▲

Um único princípio rege o mundo, embora gestando em seu interior múltiplas figurações particulares de si mesmo. O mundo como sistema de sistemas. Cada sistema particular engendra seu modo próprio de estar no mundo e de decodificá-lo a partir de dentro, cada qual tem a sua "perspectiva" sobre o mundo. Quero examinar o modo como cada um desses múltiplos olhares forma para si uma visão própria de mundo; e, ao mesmo tempo, o modo como as diversas perspectivas, aparentemente inconciliáveis, terminam unificadas em perspectivas de segunda ordem, em olhares de olhares que, recusando-se a cumprir a sina de se estender ao infinito, confluem em uma visão comum e aí repousam provisoriamente, até que novas perturbações na densa rede da vida exijam uma reconfiguração dos compromissos até então assumidos.

Procura-se uma teoria capaz de revelar o mundo em sua dinâmica própria, uma totalidade em movimento e permeada de conflitos, e ainda assim a antípoda da realidade imaginada por Nietzsche como pervadida pela vontade de poder. Uma forma surpreendente de racionalidade rege o mundo, gestando em si mesma o seu contrário, vivendo na exata medida em que torna possível a desrazão, ao mesmo tempo que a condena a confinar-se dentro de estreitos limites; um mundo de seres autônomos e de parasitas.

A dizibilidade do mundo

O mundo é inteligível?

O *filósofo e a totalidade*

Antes mesmo de sentar à poltrona para apreciar a obra que agora tem em mãos, você deve ter se perguntado: o que é, afinal, a Filosofia? Essa é uma questão altamente relevante, e eminentemente filosófica.

Só a Filosofia é capaz de pôr radicalmente em questão o seu próprio sentido, sem perder a si mesma. Não poderíamos esperar algo assim dos demais saberes. O que seria da Biologia, ou da Física, ou da Matemática, se o seu objeto de pesquisa fosse posto radicalmente em questão? O que seria da Biologia se o conceito de "ser vivo" fosse questionado tão a fundo que deixasse mesmo de fazer qualquer sentido? E o mesmo pode-se dizer de conceitos como "lei natural (regularidade)" ou "número". Mas a Filosofia, por diversas vezes em sua história, teve de colocar em dúvida o que era considerado o seu objeto principal de pesquisa: o

Ser, Deus, a Subjetividade, a Linguagem, e tantos outros temas. E a dúvida que ameaçava implodir uma certa concepção de Filosofia permaneceu sempre uma dúvida filosófica. Só filosofando podemos criticar a própria Filosofia.

▲

Questionando a si mesma, a Filosofia constantemente se redefine, tornando-se imprudente a busca por um significado fixo da disciplina. Não quero, contudo, deixá-lo à mercê de uma definição qualquer de saber filosófico, inteiramente arbitrária. Não quero, e não preciso. Por mais que os filósofos tenham disputado acerca do legítimo objeto de seu saber, sempre houve um consenso implícito, que pode ser trazido à tona: a Filosofia visa à totalidade. Enquanto as ciências particulares examinam uma ou outra seção do Todo, a Filosofia tem por meta interrogá-lo desde sua natureza íntima, a partir de uma perspectiva capaz de integrar os múltiplos saberes em um saber abrangente. Nesse sentido, ela é uma ciência universal.

Mas o que é o Todo? Aqui surgem novamente as disputas. Cada Filosofia desenvolve um conceito específico de totalidade, à luz de pressupostos que são os seus, e com o intuito de enfrentar problemas que lhe são específicos. Eu designarei a totalidade como *mundo*, e o livro que você tem em mãos visa abordá-lo em sua inteireza, e não apenas em um ou outro de seus aspectos parciais.

▲

Aristóteles denominava *Filosofia Primeira* aquela disciplina que tematiza os primeiros princípios do ser e do pensamento e, portanto, do mundo em sua totalidade. Todavia, conhecemos essa disciplina também sob o título *Metafísica*, uma denominação de origem um tanto arbitrária: quando da classificação das obras aristotélicas por Andronico de Rodes, no século I a.C, os textos que tratavam da Filosofia Primeira foram alocados *depois* daqueles dedicados à Física, e receberam o nome correspondente: *ta meta ta physica* ("o que vem depois da Física"). No decorrer da tradição ocidental, o conceito de Metafísica passou a ser associado com o estudo de uma realidade transfísica, ou seja, transcendente ao universo físico. Não utilizo o termo nesse sentido, mas apenas para designar o mais universal dos saberes, a própria Filosofia.

A Filosofia pesquisa o mundo em seus três aspectos constitutivos: o mundo em sua inteligibilidade, o mundo em sua totalidade, o mundo em sua integridade. Desse modo, ela subdivide-se em três outras disciplinas: a Metafísica da Inteligibilidade (ou da Lógica, na terminologia do filósofo Hegel), a Metafísica da Totalidade (ou da Natureza) e a Metafísica da Integridade (ou da Ética). Essas três disciplinas formam o núcleo duro das três partes do livro.

Em diálogo com o ceticismo

Em um dia de chuva, como tantos outros, você observa o delicado movimento de uma folha caindo junto à janela fustigada pela água. O que a faz esvoaçar desse modo? Que destino a condenou a destacar-se do todo a que pertencia, e ser jogada para longe, cumprindo sua sina em um novo ciclo de vida? Que condições forjaram esse elo entre você, o curioso intérprete do mundo, e a folha em sua dança graciosa? Por que o destino de cada um de nós, animais, pedras ou plantas, está tão intimamente entrelaçado? Ou, antes ainda, como é possível que você, o suposto observador do enigma do mundo, seja de fato um observador? Como pode o mundo exterior ser captado e compreendido pela mente humana? Como podemos captar em palavras não apenas a folha, o vidro, a chuva e a ventania, mas mesmo a imensidão cósmica, dobrada sutilmente na intrincada rede de uma teoria cosmológica?

▲

A Filosofia visa conhecer o mundo em sua totalidade. Todavia, o mundo será mesmo inteligível? Podemos de fato conhecer o mundo? À tentativa de supor o contrário chamamos *ceticismo*. Para o cético, a busca pelo sentido do mundo tem de fracassar. Será verdade?

Alguns dos argumentos decisivos do ceticismo têm sua origem no confronto com a definição clássica introduzida por Platão, para quem conhecimento é "opinião verdadeira acompanhada de razão"*. Todos temos opiniões ou crenças sobre o mundo ou sobre alguns dos eventos que o compõem. Todavia, a mera presença de opinião não garante conhecimento. A opinião tem de ser verdadeira, ela deve ser a representação lingüística do mundo ou de um evento no mundo como ele realmente é. Além disso, a mera posse de opinião verdadeira não garante conhecimento.

Suponha que uma pessoa desconhecida entre em sua sala de aula certa manhã, dizendo substituir o professor adoentado. Em uma aula dedicada à Física, o novo mestre afirma: "Força é igual a massa vezes aceleração." A opinião pode ser verdadeira, mas como saber se quem a enuncia conhece de fato o que diz? O suposto mestre poderia ter extraído a informação de um livro qualquer; ele, então, a teria gravado na memória, e agora a profere em aula com ar pedante. Para contornar essa dificuldade, temos de supor que o conhecimento exige, além de opinião verdadeira, o domínio sobre o assunto, o que significa capacidade de dar razões sobre a opinião emitida. No caso em questão, o mestre teria de ser capaz de reinserir a sentença proferida no corpo geral da mecânica clássica, dando razões de sua afirmação.

▲

**Teeteto*, 202c.

O cético explorará justamente o ponto fraco da exigência de dar razões. Se quero dar razão de uma opinião expressa em uma sentença, tenho de recorrer a outras sentenças. As novas sentenças serão, então, a razão ou o fundamento do que tenho a dizer. É possível, por exemplo, deduzir a verdade de "Sócrates é mortal" a partir da verdade das sentenças "Todos os homens são mortais" e "Sócrates é homem". Porém, como saberemos se as novas sentenças utilizadas para a prova são, por sua vez, verdadeiras? Esse é justamente o problema: a cada nova opinião lançada como fundamento de opiniões precedentes, será exigida uma nova razão: como poderemos estancar a busca, aparentemente sem fim, por novas razões?

Por volta do século I d.C, o cético Agripa condensou sua posição em cinco *tropoi*, ou pontos de vista: 1) o conflito entre opiniões diversas; 2) o regresso ao infinito na procura por um primeiro princípio; 3) o caráter relativo das percepções; 4) o fato de que todas as premissas são hipotéticas; 5) o círculo vicioso na argumentação. Toda tentativa de conhecer o mundo desembocaria em pelo menos uma destas cinco dificuldades. O conflito entre opiniões indica que toda opinião infundada estará suscetível ao questionamento dos demais parceiros de discurso. O regresso ao infinito é inaceitável pela protelação eterna das razões que justificam nossa opinião. O círculo vicioso ocorre quando, na tentativa de evitar o regresso ao infinito, apelamos a uma opinião que aparece também como conclusão da cadeia de provas. A afirmação do caráter hipotético de toda e qualquer premissa é apenas uma conclusão da argumentação cética: precisamos reconhecer o caráter problemático de todo conhecimento disponível, sempre aberto a novas objeções por falta de uma fundamentação absoluta do saber.

▲

Deve-se destacar que nenhuma das dúvidas examinadas até aqui conduz à tese da impossibilidade do conhecimento. Quando muito temos de aceitar o caráter problemático do conhecimento, não sua impossibilidade. Podemos não dispor de uma razão última para nossas convicções, mas podemos ter boas razões, sempre abertas a novos questionamentos. De fato, não estará o próprio cético supondo ao menos a inteligibilidade de seu próprio discurso, não apenas para si mesmo, e sim para todos os demais? O conhecimento não será, portanto, possível, mesmo que problemático e precário? Uma Filosofia assim centrada no diálogo sempre retomado com os demais, na disponibilidade a críticas razoáveis, é uma forma de *criticismo*, e não de ceticismo. O filósofo crítico não nega a possibilidade do conhecimento, mesmo aceitando a sua problematicidade, a sua permanente abertura a novas revisões possíveis.

O discurso universal

O relativismo e sua superação

> *Nua lauda,*
> *em transparência:*
> *por que refletir*
> *se o que conta não é o dito?*
> *por que insistir em ser vista*
> *se dos olhos nada sabes?*

▲

O cético precisa, portanto, de um argumento mais potente para pôr em crise todas as formas de conhecimento. De fato, o argumento decisivo de Agripa ainda não foi enfrentado: a tese da relatividade de todas as percepções ou perspectivas sobre o mundo. Toda forma de saber seria produto da perspectiva singular e não universalizável de cada indivíduo? O conhecimento, enquanto saber partilhado por todos, seria impossível?

Nesse contexto, a dúvida cética não recai sobre o processo de dar razões, e sim sobre a possibilidade de conhecimento intersubjetivo, qual seja, um conhecimento que possa ser comum a todos os homens. Cada homem interpreta o "mundo" à sua maneira, com seus próprios condicionamentos biológicos e culturais, dentro de seu próprio aparato mental e de sua situação histórica. Os homens não apenas valoram as coisas diferentemente, como qualquer viajante exposto à diversidade das culturas pode constatar com seus próprios olhos; eles compreendem o mundo diversamente. Mas o cético não se refere apenas à diversidade cultural: a relatividade radical de pontos de vista atinge também os indivíduos em sua relação mútua; e atribuir a homens diversos estados cognitivos comuns é um engano.

A tese do relativismo é muito mais radical do que todas as demais, muito mais suscetível a conduzir a uma suspensão de juízo, à recusa a atribuir verdade ou falsidade a qualquer opinião sobre o mundo. A própria noção de "conhecimento" está sendo posta em questão, pois de algum modo todos os pontos de vista possíveis estão sendo considerados igualmente legítimos, e claramente não podem ser todos igualmente verdadeiros.

▲

Analisemos cuidadosamente a afirmação relativista de Agripa. Sendo ela verdadeira, cada um de nós está encerrado em sua perspectiva ou ponto de vista sobre o mundo, inacessível a todos os demais. Se de fato pudéssemos de algum modo participar do ponto de vista de outra pessoa, a presença de uma comunhão de perspectivas já poria em ruína a tese cética: ao menos nesse caso o relativismo não se aplicaria. No entanto, se de fato cada qual está encerrado em sua própria perspectiva, sem acesso algum ao modo de interpretar o mundo próprio aos demais, as supostas outras perspectivas são um nada absoluto para cada um de nós.

Sendo assim, a partir de que perspectiva fala o próprio cético, ao aventar a tese da relatividade de todas as perspectivas? Se a sua teoria é consistente, também o olhar do cético é perspectivístico, sendo a perspectiva dos demais um simples nada para ele, ou seja, a própria dúvida acerca do caráter perspectivístico do saber dos demais não pode sequer ser levantada; por outro lado, se a dúvida pode ser levantada, tem de existir ao menos um ponto de contato mínimo entre as múltiplas perspectivas, e a tese do relativismo deve ser rejeitada.

Na verdade, esta perspectiva universal existe de fato, e é implicitamente afirmada pelo próprio cético, pois a sentença "não há nenhum saber universal" é, ela mesma, uma afirmação que se pretende aplicável a todas as perspectivas. A sentença afirma implicitamente o que pretende negar de modo explícito, e refuta a si mesma.

▲

O diálogo com o ceticismo deixou claro este ponto: a afirmação de que todo saber é perspectivístico pressupõe, inadvertidamente, a vigência de um discurso universal. Se é possível um jogo de linguagem universal, para além de todos os jogos de linguagem particulares, então tem de haver um princípio de organização comum a todas as formas possíveis de discurso. Deve haver um modo de organização universal do discurso, ao menos do discurso com pretensão de verdade. Mas haverá mesmo um modo de organização comum a todo discurso possível?

Compreendemos o mundo por conceitos. Conceitos são articulados em sentenças, e estas, por sua vez, em complexos sentenciais ou sistemas de sentenças. Todavia, há muitos modos de compreender o mundo, muitos sistemas de sentenças possíveis, com seu modo próprio de organização. Mesmo o que concebemos como a articulação lógica do discurso é suscetível de variações. O exame detido parece indicar que há tantas lógicas regionais quantos modos diversos de discurso com pretensão de verdade.

Assim, a afirmação de que, partindo-se de uma sentença e sua negação — por exemplo, "Sócrates é mortal" e "Sócrates não é mortal" —, uma das duas tem de ser considerada verdadeira (o assim chamado *princípio do terceiro excluído*) é uma verdade necessária em lógica bivalente, ou seja, naquele tipo de lógica que trabalha com dois valores de verdade, verdadeiro e falso. Contudo, a mesma afirmação não é uma verdade necessária no contexto de lógicas que trabalham com três valores de verdade — verdadeiro, falso e indeterminado —, as lógicas trivalentes. Não ser necessariamente verdadeiro significa, nesse caso, não pertencer à natureza mesma, à "essência" de um discurso assentado no pressuposto da trivalência. O pensamento contemporâneo é riquíssimo quando o que está em jogo é a construção de novas formas de lógica, e nada indica que esse processo encontre algum dia o seu termo. A criatividade infinita, antes restrita à produção de obras de arte, parece ter transbordado para áreas antes insuspeitas quando o que estava em jogo era a preservação de nossas certezas.

▲

Sabemos, portanto, que as lógicas particulares não revelam a *natureza universal* do discurso. Se seguimos o filósofo Hegel na procura pela estrutura profunda do discurso, para além de suas manifestações superficiais ou fenomênicas, na tentativa de encontrar uma Lógica universal, tudo indica que temos de procurar mais fundo.

A variabilidade das formas regionais de discurso fornece um novo argumento para potencializar a abordagem cética. Afinal, mesmo aqueles elementos que considerávamos não passíveis de questionamento por qualquer argumentação plausível, pois diziam respeito ao núcleo duro do discurso com pretensão de verdade, mostram-se abertos à revisão ou, para usar as palavras de Agripa, a "conflitos de opinião". Que organização lógica devemos considerar, portanto, como a suposta natureza universal do discurso? Ou melhor, que tipo de discurso devemos utilizar para compreender o mundo? Como enfrentar um ceticismo que ameaça avançar nas profundezas mais radicais do discurso, desfazendo toda nossa suposta segurança em nome de uma dúvida que parece não ter fim?

▲

O modo mais sensato de enfrentar o ceticismo não é, nem nunca foi, questioná-lo a partir de fora, apelando a padrões de avaliação que lhe são estranhos. O ceticismo tem de ser levado a suas últimas conseqüências, até que se converta não em seu contrário, o dogmatismo, mas em uma posição mais alta e mais rica do que ambas, o criticismo. Aprendemos com Descartes esse método de enfrentamento imanente do ceticismo: a dúvida cética pode ser lançada sobre tudo e sobre todos, mas jamais pode recair sobre si mesma. O que deriva já do fato de que nenhuma crítica pode ser lançada sem que se parta de um padrão de avaliação pressuposto. Uma crítica sem padrão de avaliação é pura ofensa, e certamente uma longa história de decadência separa o ceticismo da violência no discurso.

Qualquer posição de que parta o cético exigirá dele o compromisso prévio com algum padrão de avaliação de seu próprio discurso. Mesmo que todos os padrões disponíveis possam ser questionados e relativizados, ou problematizados em nome de outros, ainda assim em todos os casos o discurso, seja do cético ou de quem for, terá de transcorrer em *coerência* com padrões previamente estabelecidos. Pode-se mesmo relativizar as lógicas próprias a discursos regionais, em nome de outras lógicas e outros tipos de discurso com pretensão de verdade, e contudo não se pode relativizar a norma universalíssima que exige coerência entre o discurso e seu padrão de avaliação. Muitas lógicas regionais são possíveis, todavia nenhum discurso regional pode dispensar a exigência de coerência com seu próprio padrão de organização, e justamente nessa medida o discurso regional, qualquer que ele seja, participa do discurso universal. O Princípio da Coerência é justamente o princípio de organização pressuposto por toda e qualquer forma de discurso, a natureza mesma do discurso universal.

Podemos conhecer o mundo em si mesmo?

Um amigo seu revela um estranho sonho. "Funcionário de uma grande empresa, tenho por tarefa pôr em dia o Arquivo Morto. A exigência é banal, e conhecida: arquivar em ordem alfabética os documentos dispostos ao canto da sala de coleta. Nada mais simples e claro. Mas essa manhã não é como as outras. A exigência pende como uma guilhotina sobre minha cabeça, como um mandamento opressivo. Sinto-me transtornado, e os textos que deveria arquivar se mostram agora ilegíveis. No olho da tormenta, penso se o Arquivo inteiro não desabará sobre mim, ou melhor: penso se de qualquer modo ainda sou capaz de me distinguir desse amontoado de hieróglifos que tenho em mãos; a minha própria mente parece se desfazer em um enigma. Correndo em desespero, adentro um amplo pátio, estendido entre dois portões. De um deles acabo de sair; o outro me é familiar, embora ainda intocado, com suas vastas portas cerradas. À minha esquerda está postado um menino. A veste imunda estende-se até o calcanhar, as orelhas aparecem saltadas para frente, e o nariz pequeno e retorcido destaca-se em um rosto de outro modo inexpressivo. O menino aponta, insistente, para algo. Procuro observar o que chama a sua atenção. Logo acima do portão encontro uma tábua em forma retangular coberta de rabiscos, certamente um escrito, nessas alturas indecifrável. Com ar insolente, o menino sentencia: "'Tudo o que temos são palavras.' Você sabe o que isso significa? Você, eu e o mundo: excrescências de uma fala sem origem ou fim, de um interminável palavrório sem destino e sem autor." Pode-se estranhar o fato, mas recebi as suas palavras como um verdadeiro bálsamo, e despertei."

▲

Não chegamos ainda ao final de nosso confronto com o ceticismo. Apresentei as razões para defender a tese da presença de um discurso universal, para além de todos os jogos de linguagem particulares, mas não justifiquei a suposição de que há uma esfera do dizível tão abrangente quanto o próprio mundo.

O cético insiste em sua argumentação corrosiva. Mesmo supondo-se a presença de um princípio de organização comum aos diversos discursos, forjando o discurso universal, tudo o que podemos conhecer reside na imanência do próprio discurso, sendo o mundo em si mesmo, a realidade exterior ao discurso, inteiramente desconhecido. O filósofo Kant defendera um ponto de vista semelhante ancorado na diferença entre os fenômenos e a coisa-em-si. Se há ordem no mundo percebido, se ele não é um puro caos, isso se deve à ação ordenadora do pensamento que impõe suas leis aos fenômenos, concebidos não como elementos exteriores ao sujeito, e sim como suas representações. Sabemos do mundo apenas o que lhe é imposto por nosso modo de percebê-lo, ou de discorrer sobre ele. Embora esse modo seja comum a nós, humanos, permitindo a superação de todo relativismo no interior do espaço próprio à compreensão humana dos fenômenos, a realidade exterior é e permanecerá desconhecida. "O homem é a medida de todas as coisas", afirmara o sofista Protágoras.

O mundo como totalidade do dizível

O Princípio da Coerência como fundo de inteligibilidade

> *Você está diante de um pequeno lago de águas cristalinas, o mesmo por que passa todos os dias na caminhada matinal. Lembranças de uma antiga aula de Filosofia lhe vêm à mente. A ausência de vento faz da superfície*

do lago um espelho quase perfeito, a refletir a copa das árvores e o céu. Antecipando o que irá ocorrer, você lança a moeda que tem à mão o mais alto possível. Depois de inúmeras voltas em torno do vazio, ela encontra a superfície. O espelho se desfaz e dá lugar a um suave movimento de círculos concêntricos que se expandem no lago. A totalidade do lago vista como um círculo de círculos. Alguém que estivesse situado em apenas um dos círculos internos poderia ter a dimensão correta de sua participação no devir universal?

▲

Tudo o que temos são palavras. O que responder ao cético? O ponto central da contra-argumentação é o mesmo já desenvolvido na refutação do relativismo. Se o cético relativista ancora sua dúvida na suposição de um limite exterior a separar o ponto de vista de cada indivíduo das perspectivas de todos os demais, o kantiano assenta sua convicção na tese da presença de um limite intransponível a separar a esfera intrínseca à subjetividade universal da esfera própria ao mundo em si mesmo.

Novamente surge a questão: se a tese é verdadeira, se de fato estamos enclausurados na esfera da subjetividade ou, em linguagem contemporânea, na imanência do discurso, então a realidade supostamente exterior é um nada para nós, e a dúvida sobre sua presença ou inteligibilidade não pode sequer ser posta. Se, por outro lado, a dúvida é possível, então a esfera do dizível foi ampliada para envolver também o mundo "externo" ao discurso, e o suposto limite a separar por princípio o dizível e a coisa-ela-mesma foi rompido. Quem afirma a indizibilidade do mundo em si mesmo *diz* algo que estabelece as fronteiras entre o dizível e o indizível. Esse discurso só poderia estabelecer o limite entre o dizível e o indizível pondo-se *além* do próprio limite, o que é contraditório: ele *diz* algo estando além dos limites do dizível.

Compreendemos, desse modo, que a totalidade do dizível é muito mais abrangente do que outrora supúnhamos: ela envolve não apenas esse discurso humano, demasiado humano, mas a totalidade de todos os eventos atuais e possíveis. A totalidade do dizível é co-extensiva ao próprio mundo, e a seu princípio de organização. Os eventos em geral podem ser ditos justamente enquanto todos participam de um princípio universal de inteligibilidade, o Princípio da Coerência. O discurso universal é apenas momento de uma razão universalíssima.

Contra o saber absoluto

Defender a dizibilidade de tudo no mundo não significa defender qualquer forma de saber absoluto, imune a toda dúvida possível. Se a refutação do relativismo cético conduz à tese de que tem de haver uma perspectiva universal, isso não significa dizer que tenhamos cortado pela raiz todas as formas possíveis de ceticismo — inclusive as vindouras —, e que tenhamos certeza da correção da crítica. Tampouco nos assegura que nosso conhecimento do mundo, e do princípio que o estrutura, é infalível. Refutar a dúvida que se apóia na suposta vigência do indizível não significa dizer que nosso discurso atual sobre a natureza do mundo seja verdadeiro, ou que um dia venhamos a alcançar um saber verdadeiro desse tipo. Pelo contrário, de certo modo é a própria dizibilidade universal do mundo que o torna comumente tão opaco a uma investigação sobre a sua natureza profunda. Se tudo no universo pode ser dito, nossos erros têm origem não na ausência do dizível, mas em sua superabundância.

▲

Se o nada não pode ser objeto do discurso, todo dizer recai sobre algo. O erro, então, deve vir de outras fontes. Tenha em mente pelo menos duas delas. De um lado, pode-se falar de um erro categorial, ou seja, o resultado da aplicação de um conceito, ou uma grade conceitual a uma zona do mundo para a qual ela se mostra imprópria, apesar de se ter revelado própria quando aplicada a outro setor do mundo. Recorro aqui aos resultados da investigação platônica no diálogo *Sofista*: todo discurso, mesmo o discurso falso, sempre fala de algo; e o erro, tendo em vista a teoria platônica das idéias — da qual falarei posteriormente —, resulta de uma confusão dos gêneros supremos e não de uma elisão radical do sentido do discurso. Dizemos algo, embora o façamos confusamente.

Quando constatamos a falsidade da afirmação "o Sol gira ao redor da Terra", não a transformamos em uma sentença sem objeto. Passamos a considerar *verdadeira* a sentença "a Terra gira ao redor do Sol", e sustentamos que a nossa crença anterior ("o Sol gira ao redor da Terra") tem por objeto a esfera dos fenômenos, o mundo *como aparece a nós*, em oposição ao mundo em seus traços objetivos. Distinguimos duas esferas ou dimensões de um mesmo mundo, a esfera dos fenômenos e a esfera dos eventos objetivos, e constatamos que o nosso erro anterior era atribuir à esfera objetiva do mundo determinações válidas apenas à sua dimensão subjetiva. Quando afirmamos que unicórnios existem, atribuímos àquilo que é *de fato* mero produto de nossa imaginação — ao menos até prova em contrário! — uma realidade objetiva que supostamente ele não possui. Eu poderia elencar outros exemplos desse tipo, mas a idéia está clara: nesse caso o erro é o resultado da confusão, da mistura indevida do que é dizível, e não produto de uma fala que recai no nada absoluto.

A outra possibilidade em questão é o erro advir de uma falsa noção acerca do grau de inteligibilidade de um dado objeto. Supomos sua presença clara e distinta diante de nós, e o que retemos de fato é uma noção sua vaga e difusa; ou bem o contrário: supomos sua presença difusa enquanto ele se apresenta inteiro e sem mácula ao pensamento. Essa última hipótese pode parecer estranha, mas imagine uma situação em que, durante um diálogo instigante com um amigo sobre um tópico bem conhecido, você se distrai por um momento e depende de uma *chamada de atenção* para um ponto que já estava bem claro a vocês dois. Você então se dá conta de que o assunto de fato já estava resolvido, suas dúvidas já haviam sido dirimidas; o objeto estava claro e distinto, para dizer com Descartes, todavia você se distraiu por um lapso de tempo e achou o inverso. A confusão não se dá, então, entre objetos diversos ou características diversas de objetos com mesmo grau de inteligibilidade, e sim entre graus diversos de inteligibilidade de um mesmo objeto ou uma mesma característica em questão. E o erro novamente não se deve a uma queda ingrata no indizível: a sua origem reside em um manejo inadequado do dizível.

Indicações para uma caminhada possível

Tendo tudo isso em vista, como podemos saber se um novo avanço do conhecimento não nos forçará a considerar uma nova compreensão de mundo que torne falsa a perspectiva atual? Como podemos saber se o nosso conhecimento atual não se mostrará como tendo por objeto meros fenômenos e não a realidade objetiva? Nesse ponto, a dúvida retorna para não mais nos abandonar por completo, não na forma de uma posição cética — pois não estamos negando a possibilidade de conhecimento —, e sim na forma de um *criticismo* que reconhece o caráter inerentemente problemático de nosso acesso ao mundo. Nem mesmo estamos negando o fato de que uma visão de mundo atual ou futura possa ser inteiramente verdadeira. O que não podemos ter é total segurança desse fato. Precisamos permanecer perpetuamente em prontidão para alterações futuras do saber, ancoradas em novas dúvidas sensatas lançadas sobre o estágio atual do conhecimento. "O melhor que podemos fazer é construir uma imagem que poderia estar correta"[1], alerta com razão Thomas Nagel.

Tudo o que direi a seguir não se pretende mais do que isso: uma visão possível da natureza do mundo, uma visão à qual tenho me aproximado por vias que são as minhas. Que você, leitor, tenha bem presente as suas vias, e disponha delas do melhor modo possível.

▲

Acalmo o olhar
com os olhos,
não com a letra:
o símbolo
é véu do sentido.
Vozes do silêncio:
sua existência, seu fim.
Palavras conjugadas
sendo desfeitas:
ao final, ao termo
não o conceito —
o lábio.[2]

---

[1] *Visão a partir de lugar nenhum*, p. 121.
[2] Todos os poemas apresentados no decorrer da obra são inéditos meus.

Terminologia 1

Ceticismo — Corrente filosófica centrada na tese de que o mundo não pode ser conhecido.
Criticismo — Posição intermediária entre o ceticismo e o dogmatismo: o mundo pode ser conhecido, mas nosso saber é falível, sempre aberto a novas problematizações.
Dogmatismo — Posição antípoda ao ceticismo. O dogmático afirma que podemos conhecer o mundo de modo certo e seguro.
Filosofia — A ciência universal que investiga o mundo em sua totalidade, e não apenas em um ou outro de seus aspectos parciais.
Inteligência — Em Platão, o princípio de organização do mundo. O mesmo que *razão*, para os idealistas alemães Schelling e Hegel.
Metafísica — A ciência universal, o mesmo que *Filosofia*.
Metafísica da Ética — A disciplina que investiga o bem primeiríssimo, ou seja, a integridade do mundo e as hierarquias de valores que o preenchem de ponta a ponta.
Metafísica da Lógica — A disciplina que investiga o porquê da dizibilidade do mundo, o princípio de organização que torna o mundo *pensável*.
Metafísica da Natureza — A disciplina que investiga o mundo em sua totalidade e em sua organização intrínseca.

Mundo — A totalidade dos eventos atuais e possíveis.
Princípio da Coerência — O princípio de organização universalíssimo do ser e do pensar. Ele será examinado em profundidade no próximo capítulo.
Relativismo — No presente contexto, a tese segundo a qual toda compreensão de mundo é relativa a um ponto de vista ou perspectiva particular (de um indivíduo ou grupo de indivíduos), não havendo nenhuma perspectiva universal sobre o mundo.
Saber absoluto — O saber certo e indubitável, imune a toda contra-argumentação possível. É a peça-chave do dogmatismo filosófico.
Sentença — A menor unidade do discurso (com pretensão de verdade) dotada de sentido: um complexo formado pela relação entre sujeito e predicado (argumento e função, na Lógica contemporânea).
Totalidade do dizível — A totalidade do que pode ser dito, ou seja, o próprio mundo.

Resumo

A Filosofia é uma ciência universal, cuja pretensão é conhecer o mundo em sua totalidade. Mas podemos conhecer de fato o mundo? A posição segundo a qual tudo o que podemos saber do "mundo" é aquilo que sabemos a partir de uma perspectiva particular, do ponto de vista de um in-

divíduo ou grupo de indivíduos, não sendo possível nenhuma perspectiva universal, não se sustenta. Deve haver um discurso universal. Tampouco se sustenta a tese da presença no mundo de uma dimensão incognoscível. A Filosofia trata do dizível, e o dizível envolve tudo o que é atual e possível. A totalidade do dizível é co-extensiva ao próprio mundo. O todo é dizível porque articulado por um princípio universalíssimo de inteligibilidade, o Princípio da Coerência. O discurso universal é apenas momento da razão universal.

Próximo capítulo

Precisamos investigar mais a fundo o próprio Princípio da Coerência, e o sentido a ele atribuído pela tradição. Veremos como e por que uma certa compreensão do Princípio conduziu a Filosofia a posições dualistas dificilmente sustentáveis. No decorrer do capítulo apresento uma nova concepção da razão do mundo, e uma nova visão do Todo a ela associada.

A coerência do mundo

O pêndulo e a ordem do mundo

Um olhar sobre a natureza do mundo

Se o filósofo quer compreender o mundo, ele deve deixar de lado qualquer consideração lateral e focar no cerne mesmo do Todo, em sua natureza íntima. Ora, a natureza do mundo é seu princípio organizador, o Princípio da Coerência.

No presente capítulo procuro demonstrar que o Princípio da Coerência não é senão a própria dialética entre unidade e multiplicidade, entre o Uno e o Múltiplo. Coerência é a *unidade* de uma multiplicidade ou a *multiplicidade* em unidade. A força regradora do Princípio da Coerência não se manifesta apenas no predomínio máximo da unidade sobre a multiplicidade, mas também no predomínio máximo da multiplicidade sobre a unidade. Ela envolve todos os graus possíveis de realização da coerência.

Todavia, uma extensa tradição do pensamento ocidental compreendeu o Princípio da Coerência de modo diverso. A ordem do mundo era concebida à luz de uma leitura forte do Princípio da Coerência, ou seja, a tese de que a razão universal rege o mundo sem permitir contrafatos: incoerências são impossíveis no discurso e no ser. Muitas formas de dualismo características de nossa tradição tiveram sua origem nesse pressuposto singelo: a oposição inconciliável entre essência e aparência, sensível e inteligível, transcendental e empírico, e assim por diante.

Para compreender as razões e limites dessa decisão teórica por uma leitura forte do Princípio da Coerência, nada melhor do que retornar às origens. Tomarei como ponto de partida a mais radical das disputas metafísicas: aquela entre o Ser de Parmênides e o Nada de Górgias, radicalizado no Aparecer de Pirro.

O exame do confronto entre Parmênides e Górgias será decisivo para a tentativa de atingir um ponto de vista capaz de superar visões dualistas: o Ser e o Aparecer são na verdade modos diversos de configuração do mundo, manifestações extremas da dialética do Uno e do Múltiplo, ou seja, do próprio Princípio da Coerência. Desse modo, a nossa compreensão da razão do mundo deverá ser repensada desde as raízes.

O dizível manifesta-se como Ser

Aristóteles havia definido o princípio da não-contradição (a versão formal e negativa do Princípio da Coerência) do seguinte modo: "É impossível que o mesmo (predicado) convenha e não convenha ao mesmo (sujeito) sob o mesmo aspecto e ao mesmo tempo."[3] Uma sentença como "Sócrates é mortal" pode ser verdadeira ou falsa, mas não pode ser simultaneamente verdadeira e falsa. Todavia, é justamente isso o que sustentamos em uma afirmação do tipo: "Sócrates é mortal e Sócrates não é mortal." Nesta sentença complexa estamos unindo duas sentenças simples que de modo algum podem ser unidas. Não poder ser unido de modo algum significa não poder de modo algum ser coerente. A contradição é, portanto, a face extrema da incoerência no discurso.

Mas por que não podemos unir as duas sentenças acima? Ora, uma convicção é veiculada por uma sentença que se supõe verdadeira. A sentença verdadeira expressa uma unidade conceitual que remete à unidade ontológica do objeto do discurso. Tornar possível a contradição no discurso significaria inviabilizar a unidade da sentença; tornar possível a incoerência no real significaria perturbar a unidade do ser. No reino do discurso, a perda de unidade significa a perda de sentido: "Tautologia e contradição são destituídas de sentido (*sinnlos*)",[4] afirma Wittgenstein; na esfera do ser, ela significa a dissolução da existência.

---

[3] *Aristotle's Metaphysics*, 1005b.
[4] *Tractatus logico-philosophicus*, 4.461.

Isso não significaria a inviabilidade do pensamento e do ser? Por essa razão, ao formular a primeira versão expressa do princípio de não-contradição na História da Filosofia, Aristóteles enfatizou ser impossível, *adynaton*, a contradição no discurso. Como o princípio de não-contradição regra o ser e o pensar, ele se manifesta como uma restrição originária do que pode ser dito e do que pode existir.

▲

Mas contradições no discurso são de fato *impossíveis*? Não é verdade que às vezes incorremos em contradição, embora contradições não *devam* ocorrer? Sendo assim, cabe a pergunta: o princípio de não-contradição atua no sentido de tornar contradições impossíveis no discurso, ou no sentido de orientar a conduta de quem fala para *evitar* contradições no discurso?

Vimos que Aristóteles pende para uma compreensão forte do princípio de não-contradição. Ancorada nessa premissa, toda uma vasta tradição de pensamento verá na busca por um discurso absolutamente imune a contradições sua tarefa primordial. Se o discurso corriqueiro não é capaz disso, então é dever do filósofo insistir na distinção entre forma superficial e forma profunda da linguagem, entre aparência e essência, entre acidente e substância, no intuito de revelar a verdadeira estrutura do discurso. Na essência do discurso não pode haver contradições; nesse contexto, o discurso contraditório é impossível. O bom filósofo é aquele que atina para a verdade dessa afirmação e, compreendendo a essência do discurso, é capaz de revelar a essência do mundo. Se na essência do discurso não há incoerências, tampouco pode haver incoerências na essência do mundo. A substância do mundo é perfeitamente racional, e a desrazão lhe é estranha e deve ser buscada em outro lugar. Aqui reside a origem de muitas formas de dualismo que grassaram na tradição ocidental.

▲

Naquela noite, o sono permeado de pesadelos, você estava apartado o suficiente de si mesmo para suportar o impacto desses versos, e cravá-los fundo na memória:

Dorme, ternura;
dorme e esquece as palavras:
no confronto com o símbolo,
todo mostrar é perder-se.

Não raras vezes o mundo se oculta de nós. Algumas vezes, ele se esconde por suas propriedades intrínsecas: "a natureza ama ocultar-se",⁵ dizia Heráclito; outras tantas vezes, por nossas próprias máscaras. Se as palavras são as nossas máscaras, como poderíamos deixar de representar?

▲

---
⁵Fragmento B 123. Cf. Diels, H. e Kranz, W., *Die Fragmente der Vorsokratiker*, v. 1, p. 178.

Parmênides havia chegado a conclusões semelhantes muito antes, e extraíra delas conseqüências surpreendentes. Se o mundo é organizado por uma racionalidade que torna impossíveis incoerências no discurso e no ser, então nossa compreensão cotidiana da natureza das coisas deve ser inteiramente revista. Toda filosofia de Parmênides pode ser concebida como a versão mais radical do pensamento que concebe o mundo à luz de uma forma de racionalidade desmesurada.

No mundo não pode haver interstícios, espaços que revelem uma defasagem entre a essência racional do mundo e um suposto reino do aparecer. O aparecer é justamente isso, um fantasma produzido pela mente dos homens, não tendo nenhuma presença real no mundo. A razão é oniabrangente e excludente de tudo que lhe seja oposto. O mundo tem de ser não apenas coerente, mas dotado de uma coerência sem máculas. Ora, coerência é *unidade*, e o mundo tem de ser o Uno excludente de todo elemento a ele estranho, de toda sorte de multiplicidade.

O universo é constituído do Uno indistinto, imutável e eterno, o oposto do que dele concebemos erroneamente como distinção, mutabilidade e temporalidade. Se há um reino do aparecer, portanto, ele se reduz ao mundo ilusório constituído por um discurso em dissonância com a forma profunda da linguagem, com o pensamento propriamente dito. O pensamento é idêntico ao ser, mesmo que essa verdade permaneça oculta ao senso comum. É verdade que costumamos observar as mudanças da estação, ou as flores perdendo seu vigor e despencando das hastes, ou a agonia e o esplendor do pôr-do-sol ao cair da tarde; mas, se tudo no mundo nos parece assim tão transitório, o erro não reside no mundo ele mesmo, e sim em nosso olhar e em nossas palavras corriqueiras, nesses fantasmas inúteis que inventamos para interpretá-lo.

O erro está no olhar e na precariedade das palavras, e o melhor seria esquecê-los. Adeus aos sentidos, adeus à palavra, viva o conceito! Viva o pensamento rigoroso, imune às imperfeições do discurso cotidiano!

▲

Discípulo de Parmênides, Zenão notabilizou-se por defender as idéias do mestre utilizando-se de um instrumento até então desconhecido: a prova por redução ao absurdo. Em vez de partir dos pressupostos assumidos por Parmênides e derivar conclusões, Zenão tematiza as opiniões dos oponentes e procura extrair delas conseqüências inaceitáveis. Se as teses contraditórias à teoria do Ser-Uno são absurdas, então é sensato abandoná-las e aderir à posição de Parmênides.

Ora, se o universo é o Uno imutável, o movimento é uma ilusão, e a primeira estratégia é refutar os que acreditam em sua presença efetiva no mundo. Para tanto, Zenão recorre ao argumento da dicotomia. Suponha a presença de dois corpos, distantes um do outro. Imagine agora que o primeiro corpo esteja se movimentando em direção ao segundo. Para alcançar o segundo corpo, o primeiro terá de percorrer uma certa distância. Todavia, antes de percorrer toda a distância, será necessário percorrer a metade da distância, e a metade da metade da distância, e a metade da metade da metade da distância, e assim ao infinito. É por isso que a tartaruga, tendo uma certa distância inicial de vantagem em relação ao veloz Aquiles, jamais perderá a corrida. Ou melhor, é por isso que a corrida jamais se realizou. O movimento é impossível.

Outro argumento de Zenão é o da flecha. Imagine uma flecha direcionada a um alvo. Você a supõe em movimento. Mas pense bem: se ela está em movimento, precisa percorrer diversos instantes do tempo. A cada instante, a flecha ocupará um e o mesmo espaço, e estará, justamente por isso, parada. Ora, se a cada instante a flecha está parada, em todos os instantes ela está sempre parada. A flecha está, esteve e permanecerá parada. A suposta defesa do movimento conduz a seu contrário, a idéia do radical repouso, da imutabilidade do ser.

Zenão também se lançou contra a tese da presença de uma multiplicidade de seres no universo. Se há múltiplos seres no universo, cada múltiplo é, em si mesmo, uma unidade. Ora, uma pura unidade não pode possuir nenhuma grandeza. Se a possui, ela não é uma unidade simples, e pode ser dividida em novas unidades menores. Ou a divisibilidade segue ao infinito, o que conduz ao absurdo de uma multiplicidade incapaz de se estabelecer como multiplicidade definida ou determinada, ou, no processo de divisão, recaímos em uma unidade "pura", sem qualquer grandeza. Mas uma unidade sem grandeza alguma seria um puro e simples *nada*.

▲

Você poderia afirmar que os argumentos de Zenão são insensatos. Pense no caso de Aquiles e a tartaruga. Fosse você o espectador da corrida, sentado comodamente na arquibanca com um imenso pacote de pipocas, não é verdade que observaria a vitória de Aquiles?

Zenão não está negando esse fato. É claro que você veria Aquiles ganhar a corrida, como você vê o Sol girando ao redor da Terra, e a percebe em perfeito repouso sob seus pés, ou como observamos torto o galho reto que acabamos de afundar na superfície de um lago, ou ainda como vemos ao longe uma poça d'água sobre o asfalto em um dia de muito sol e calor, embora o asfalto esteja seco. Em suma, Zenão nos convida a considerar os eventos com o rigor do pensamento, e não com a precariedade dos sentidos. Se o espaço é divisível, ele não seria divisível ao infinito? Se ele é divisível ao infinito, não seria absurdo percorrer em um tempo finito uma distância infinita entre dois pontos? Se o tempo é composto de instantes, não é verdade que a cada instante não há movimento algum, e não é verdade que de uma flecha que esteja em movimento se exige que percorra cada um dos instantes do tempo? Mas, então, a flecha está em movimento ou em repouso?

Enfim, Zenão nos convida a deixar um pouco de lado os sentidos, e mesmo o discurso cotidiano, e refletir sobre os enigmas do mundo. Ele propõe deixar de lado as palavras, e fazer uso do conceito, do puro pensamento.

O *dizível manifesta-se como Aparecer*

> *Imagine um pêndulo percorrendo todo o campo de possibilidades dessa forma radical de pensamento a que chamamos Filosofia, oscilando de um extremo a outro. Desde as primeiras páginas deste livro, você tem acompanhado um lento movimento do pensar que, iniciando de um diálogo com o ceticismo, começou a migrar para posições cada vez mais próximas do dogmatismo. Acabamos de examinar a forma mais radical de dogmatismo, aliada à forma mais extrema de racionalismo já cogitada pelo homem: a teoria do Ser, de Parmênides. Você agora é convidado a uma aventura: que tal deixar o pêndulo despencar em velocidade máxima, alcançando em um piscar de olhos a extremidade oposta do espaço de possibilidades, repousando aí por alguns instantes? Tempo suficiente para apreciar Górgias e seu discurso sobre o Nada, ou melhor, sobre o Aparecer.*

▲

Górgias de Leontinos, o elogiado mestre da Retórica, a arte do convencimento, nasceu em torno de 485-480 a.C.

e alcançou os cem anos saudável e lúcido. Lucidez ou desvario? Você escolhe. O fato é que a sua filosofia pode ser resumida em três argumentos: a) nada é; b) se algo fosse, não poderia ser conhecido; c) se pudesse ser conhecido, não poderia ser comunicado aos demais.[6]

Mas não se deixe iludir pelas primeiras impressões. Górgias não está brincando com palavras, nem pregando em alto e bom som um vago e sem sentido "nada existe". Ele está combatendo idéias bem determinadas, ou talvez apenas uma idéia bem definida: a noção de *ser*. Parmênides é seu alvo, e junto com ele a própria Teoria do Ser ou Ontologia em seu núcleo duro. O real não pode ser enquadrado na categoria "ser". Que tratamos aqui também da Filosofia do Real, e não apenas de uma teoria acerca de nosso modo de conhecer ou desconhecer o real, fica claro pela própria estrutura do argumento. A primeira tese trata das coisas elas mesmas, a segunda, de nosso modo de conhecê-las e a terceira se ocupa de nossa capacidade de transmitir aos demais o que supostamente sabemos.

Por que não podemos enquadrar o real na categoria "ser"? Ora, a categoria ser está intimamente associada à noção de unidade. Vimos como o princípio de não-contradição é, nem mais nem menos, uma regra capaz de assegurar a coerência mínima do discurso e do real, tornando um permeável ao outro. Coerência é unidade de uma multiplicidade. O que Górgias quer provar é que o pressuposto fundamental de toda Ontologia dogmática, ou seja, a crença na ordem e na coe-

---

[6] Cf. Sexto Empírico, *Against the Logicians*, v. I, 65ss.

rência do mundo, é insustentável. Isso porque toda teoria do ser pressupõe o tratamento do real sob as categorias de "unidade" e "multiplicidade", que se mostram inconsistentes sob um olhar mais acurado. Sendo verdadeira a tese de Górgias, caem por terra não apenas as teorias dos antigos filósofos da natureza, que acreditavam ser o universo um *cosmos*, um mundo ordenado, mas também e principalmente as teses de Parmênides e Zenão; ou ainda, olhando de nossa perspectiva, caem todas as nossas amadas ciências, pois como elas seriam possíveis sem a convicção profunda na ordem do real?

▲

Górgias inspira-se na dialética zenoniana para pôr em questão a própria teoria do Ser-Uno. Se as argutas análises do eleata provam a impossibilidade da presença de multiplicidade no universo, elas provam igualmente a impossibilidade do Uno. Pois se o ser é uno, ele precisa ser algo (de determinado), possuir alguma grandeza ou quantidade, ou seja, precisa ser divisível. A unidade determinada supõe certa complexidade interna, supõe multiplicidade. Mas, como vimos com Zenão, aceitar a multiplicidade é aceitar ou a presença de novas unidades sempre novamente complexas e divisíveis, ao infinito, ou aceitar a presença de uma unidade absolutamente pura e simples. Ora, já vimos as dificuldades associadas ao regresso ao infinito, tematizadas pelo próprio Zenão. Por outro lado, uma unidade absolutamente simples é inteiramente indeterminada, um nada qualquer. Mesmo concebê-la é absurdo.

O que significa: os argumentos de Zenão mostram que pensar o ser como uno é tão inviável quanto pensá-lo como multiplicidade. O filósofo de Eléia, inadvertidamente, refuta a si mesmo.

A originalidade de Górgias não está, portanto, no tipo de argumentação utilizada para pôr em xeque a teoria parmenídea do Uno, apesar do caráter algo espantoso de suas conclusões. É a tese da incognoscibilidade do real que revela as pressuposições mais fundas de sua filosofia: "E assim como as coisas que são vistas são ditas visíveis pelo fato de serem vistas, e as escutadas são chamadas audíveis porque são escutadas, e não rejeitamos as coisas visíveis por não serem escutadas, nem repudiamos as coisas audíveis por não serem vistas (pois cada uma dessas coisas deverá ser percebida pelo sentido que lhe é próprio, e não por outro), do mesmo modo aquilo que pensamos, ainda que não seja percebido pela vista nem escutado pelo ouvido, existirá porque é apreendido pelo seu próprio critério".[7]

Górgias empreende claramente uma dissociação dos órgãos dos sentidos, cada qual igualmente separado do pensamento. Você afunda um galho na água e o *observa* torto, mas o *tato* lhe informa que ele está reto, e o *pensamento* talvez confirme esta tese agregando uma série de hipóteses sobre a estrutura física dos eventos, associadas a considerações matemáticas. Normalmente, quando surge uma incoerência entre os órgãos dos sentidos, procuramos corrigi-la de alguma forma, sempre no intuito de restabelecer a harmonia, a coerência entre nossas faculdades cognitivas. Górgias, contudo, está

---

[7] Cf. Sexto Empírico, *Against the Logicians*, I, 81.

salientando o caráter exclusivo e radicalmente autárquico de cada órgão, de cada faculdade cognitiva. As faculdades estão dissociadas, a sua suposta harmonia interna é desfeita em uma multiplicidade não subordinada a nenhuma unidade mais fundamental. Cada faculdade apreende o mundo a seu modo, e não há como integrá-las.

A multiplicidade sem unidade subjacente, o Múltiplo sem o Uno, eis o fundamento da filosofia de Górgias. Ele salienta a autarquia do Múltiplo, ainda assim procurando não cair na grade conceitual da tradição dogmática. A sua noção de multiplicidade quer-se autárquica, independente da noção de unidade. Não se trata de uma multiplicidade que, conforme o argumento de Zenão, é uma mera justaposição de unidades; nem de uma multiplicidade que se ancora, ao final, em uma unidade mais abrangente, como momento de uma totalidade. O Múltiplo tematizado por Górgias é a própria dissolução de qualquer noção de unidade: o real não pode mais ser concebido sob o império da ordem e do sentido. Não há coerência no mundo.

▲

Ah, mudas palavras:
de tanto calar,
desmoronam.

▲

Mas então o que são as palavras, o que elas nos dizem senão algo, e algo bem determinado? Se não há ordem em lugar algum, como podem as palavras ser compreendidas, como podemos comunicar nossos pensamentos aos demais? Como bom retórico, nesse quesito Górgias não vai tão longe. Ele procurará apenas nos convencer, a partir da mesma tese da autarquia radical de todas as faculdades cognitivas, da impossibilidade de as palavras transmitirem a verdade sobre o real. Elas seriam apenas mais um elemento do mundo, inteiramente desconectado dos sentidos e das "coisas elas mesmas". O retórico conta apenas com as palavras, não enquanto elas expressam alguma verdade, ou se referem a alguma outra instância que não a própria linguagem. Se o discurso não pode transmitir verdades, que seja ao menos o mais eficaz possível.

A ênfase na potência das palavras, em sua capacidade de persuadir os demais, não parece condizer bem com a radicalidade do que Górgias tinha a nos dizer até aqui. Pois, se somos incapazes de transmitir aos demais verdades sobre o mundo exterior, ainda assim transmitimos algo, e os demais nos compreendem, sem o que a persuasão seria inteiramente impossível. Se os demais nos compreendem, temos algo em comum, o nosso discurso é *uno*, e está em coerência com o discurso dos demais. É preciso extirpar esse resíduo de dogmatismo da filosofia de Górgias, o que fará o cético Pirro, nascido entre 365 e 360 a.C.

▲

Podemos sumarizar a posição de Pirro do seguinte modo: a) como as coisas são imensuráveis e indiscrimináveis, nossas opiniões sobre elas não podem ser verdadeiras nem falsas; b) sendo assim, não se deve ter opinião sobre elas; c) como resultado, alcançaremos a *afasia* e a *ataraxia*. A *afasia*, o silêncio auto-imposto do filósofo, é a resposta condizente, e em franca oposição ao palavrório sofístico, à compreensão da incompreensibilidade de tudo. A *ataraxia*, a ausência completa de perturbações na alma, e a serenidade dela adveniente são o destino salutar do filósofo, sua resposta a um mundo em crise.

Mas a premissa superior, o ponto de partida do cético, é a constatação de que as coisas (*ta pragmata*) não são o que delas imaginamos: o real não é o reino da ordem e da coerência, não é absolutamente o reino do Ser, e sim o reino do Aparecer. Se não há ordem intrínseca às coisas, elas não podem ser mensuradas, pois não há nenhum padrão de organização comum a elas. Não se trata, portanto, apenas de um ceticismo epistemológico, que atinge o nosso modo de conhecer o real. É o real mesmo que está em questão, como já vimos no caso de Górgias. Todavia, agora tampouco as palavras são poupadas: tudo submerge no vazio da pura aparência.

É preciso ter em mente que estamos aqui muito distantes das primeiras abordagens céticas analisadas ao início de nossa jornada, em um certo dia de chuva. Se naquele contexto o fenômeno, o aparecer, era sempre aparecer de algo, de uma realidade a nós oculta (como em Kant), agora a dualidade fenômeno/coisa-em-si é aniquilada, e surge o puro

Aparecer, um aparecer radical e universal que só se refere a si mesmo, e a nada mais. Como dirá M. Conche, "quando a aparência, nesse sentido, é o estofo de todas as coisas, podemos muito bem dizer que nada existe (nada de verdadeiramente real). Niilismo, se quisermos, entendendo pelo termo o reconhecimento da niilidade, da insubstancialidade de todos os pretensos reais".[8] Pirro como Górgias consumado.

▲

Conta-se de Pirro uma história memorável. Quando um amigo que o acompanhava em um passeio caiu em um pântano, Pirro continuou o seu percurso, indiferente. Recuperado da queda, o próprio Anaxarco elogiou a atitude do filósofo, bem em conformidade com o seu ceticismo. Afinal, tudo é puro aparecer e, diante dos fenômenos, resta o silêncio, e a indiferença.

A dialética do Uno e do Múltiplo

Procure ter em mente a imagem do pêndulo. Deixe-se envolver por ela, permita que ela invada a sua imaginação. O pêndulo oscila entre dois extremos: de um lado, o máximo predomínio da unidade sobre a multiplicidade (o Ser-Uno de Parmênides); de outro,

---

[8]*Orientação filosófica*, p. 364.

o predomínio máximo da multiplicidade sobre a unidade (o Aparecer de Pirro); entre eles, um vasto campo de possibilidades, e o movimento incessante do pêndulo, rasgando o ar entre os dois extremos opostos. Agora concentre sua atenção não propriamente nesses opostos, mas na natureza comum que os integra. Atente para o eixo, para aquilo que permanece invariante sob todas as variações do mundo, a dialética do Uno e do Múltiplo que pervade tudo o que há, e se manifesta mesmo no supostamente puro Aparecer. Eis a natureza do mundo.

Seria ingênuo querer atacar essas notáveis concepções, situadas em lados opostos no movimento pendular da Filosofia, simplesmente contrapondo a elas outras perspectivas, e alguns pares de argumentos. Toda verdadeira Filosofia tem algo a dizer, algo a ser atentamente meditado, e esses grandes filósofos, esses pensadores dos extremos, Parmênides e Górgias, certamente têm muito mais do que algo a dizer. A sua fala espelha de algum modo o verdadeiro. Não adianta contorná-la; é preciso ir a fundo no que é dito, e perguntar de que modo os opostos podem ser conciliados.

A própria metáfora do pêndulo talvez nos ajude a encontrar uma resposta. Se o racionalismo de Parmênides e o niilismo de Górgias são apenas dois momentos de um mesmo movimento pendular, dois aspectos opostos de um mesmo modo extremado de pensar, ou seja, o pensamento filosófico, então a unidade desde sempre subjaz aos opostos em questão. É a mesma natureza do pensamento que se manifesta de modos diversos nas origens da Filosofia ocidental. Ora, a natureza do pensamento é idêntica à natureza do ser, e a denomino *Princípio da Coerência*. Dessa forma, o Ser e o Aparecer são dois modos de manifestação da razão do mundo.

▲

Que essa conclusão não é tão estranha quanto possa parecer à primeira vista torna-se claro pelo exame das fraquezas e das forças das perspectivas em disputa. Em resposta às teses de Górgias, Zenão poderia contra-argumentar: o Uno de Parmênides não é um nada, uma totalidade sem qualquer determinação e, portanto, inteiramente vazia. Pelo contrário, ele é uma unidade determinada. Que o Uno tenha de ser determinado, nisso Zenão está de acordo com Górgias, afinal o Uno é o Ser e não um puro Nada. Ocorre que a determinação do Ser provém do próprio Ser, e não de alguma entidade a ele externa. O Ser determina-se a si mesmo, o que evita a acusação de regresso ao infinito: para determiná-lo não é necessário recorrer a sempre novas unidades, como sugere Górgias. O Ser-Uno é como uma esfera fechada sobre si mesma, autodeterminada; o Ser é o Ser, e nada mais.

Mas justamente nisso Ser e Aparecer revelam uma estranha coincidência. O lado forte de Parmênides é também o lado forte de Górgias, ou daquele gorgianismo extremado que observamos em Pirro. Vimos como o Aparecer não revela nada além de si mesmo. Não se trata de um fenômeno que se determina pela diferença com relação à coisa-em-si. Não se trata do mundo *enquanto aparece* ao sujeito cognoscente, em oposição ao mundo *ele mesmo*, eternamente incognoscível. Essas dicotomias foram banidas por Pirro, e tudo o que temos é o puro Aparecer, uma aparência destituída de essência. Ora, se tudo é puro Aparecer, então as aparências só se referem a si mesmas. A aparência não é aparência para alguém, para um sujeito que a conhece, pois se há sujeitos, também eles são o puro Aparecer. "Na realidade, a aparência, como tal, comporta uma presença muda para ela mesma, é auto-aparência", dirá Marcel Conche.[9] O Ser de Parmênides só não se perde no puro Nada porque é determinado, e a sua determinação brota de si mesmo, pois nada há além do Ser. O Ser se refere só a si mesmo, e só nessa auto-relação é puro Ser. E exatamente o mesmo se pode dizer do Aparecer: só na auto-relação ele é puro Aparecer, e nada mais.

▲

Se essa é a força dos adversários em questão, também é sua fraqueza. A Pirro poderíamos perguntar como esse mundo incoerente pode deixar de ser uma totalidade, a totalidade do Aparecer em pura relação consigo mesmo, e

---

[9]*Orientação filosófica*, p. 370.

como esta auto-relação pode deixar de ser pensada como unidade de si consigo mesmo, autocoerência. A Parmênides, por outro lado, podemos indagar como o puro Ser, a unidade simples, destituída de qualquer diversidade interna, pode ainda ser concebida como auto-relação, já que relação pressupõe a presença de itens ou termos em relação. A auto-relação exige a presença de diversidade, multiplicidade e complexidade mínimas. Enfim, o que indagamos é como seria possível tratar o Uno sem o Múltiplo, e vice-versa.

Talvez o erro tenha sido pensá-los em isolamento, quando sua relação verdadeira é dialética, ou seja, uma oposição entre termos correlativos. A oposição entre correlativos é aquela em que cada oposto não pode ocorrer, ou ser pensado, sem a presença do outro. O Uno não pode ser sem o Múltiplo, nem o Múltiplo sem o Uno.

A Metafísica que compreende o mundo a partir da tensão entre elementos opostos, mas complementares, é *Filosofia Dialética*. Eis a perspectiva que perpassa de ponta a ponta a presente obra.

▲

Chegamos à conclusão de que o Uno de Parmênides não exclui toda multiplicidade, enquanto o Aparecer de Pirro não exclui toda unidade. O que diferencia Parmênides de Pirro não é a recusa ou não do Princípio da Coerência, mas o modo de sua realização. O que vemos nos dois extremos do movimento pendular do pensamento são graus diversos de realização da coerência: de um lado, o predomínio máximo da unidade sobre a multiplicidade, a forma máxima da coerência consigo expressa no Ser-Uno de Parmênides; de outro, o predomínio máximo da multiplicidade sobre a unidade, a forma mínima da coerência consigo revelada no Aparecer de Pirro. E ainda assim a coerência do mundo como um todo é preservada, pois Ser e Aparecer são modos de autodeterminação do Todo, e o Todo não pode jamais deixar de ser coerente consigo mesmo.

▲

Vimos ao início deste capítulo que Aristóteles optara por uma leitura forte do princípio da coerência em sua versão negativa (o princípio da não-contradição): incoerências são impossíveis no discurso e no ser. Uma leitura forte do princípio do sistema de Filosofia esteve na origem de múltiplas formas de dualismo na tradição. Todavia, vimos depois que o Princípio da Coerência é muito mais abrangente do que supúnhamos, envolvendo e reintegrando em um nível superior mesmo a oposição radical entre Ser e Aparecer.

Se o Princípio da Coerência envolve tanto o Ser quanto o Aparecer, se ambos não são mais do que modos de sua manifestação, então a razão do mundo precisa ser reconceituada. Contrariamente ao que pretendia Aristóteles, o Princípio da Coerência não torna impossíveis incoerências no discurso ou no ser.[10] Incoerências são possíveis, embora sempre inseridas no processo de sua superação, em um novo movimento para a coerência.

Mostrarei na próxima seção que o Princípio da Coerência é o modo de organização de todo e qualquer sistema. Toda incoerência generalizada em um subsistema do mundo implica o colapso dessa subtotalidade, e a preservação do movimento para a coerência em um sistema mais abrangente. Por sua vez, o mundo em sua totalidade não pode jamais deixar de ser coerente consigo mesmo. Embora permitindo contrafatos, a razão rege o mundo fornecendo uma *direcionalidade geral ao fim da coerência consigo mesmo*. O Princípio da Coerência dota o mundo de uma *teleologia imanente* à qual está associada uma teoria objetiva dos valores, uma axiologia objetiva, como mostrarei no último capítulo.

A eternidade do mundo

Movimentos circulares

Por que o Todo não pode deixar de ser coerente consigo mesmo? Ou, antes, por que a autocoerência é uma propriedade constitutiva do mundo? Por que a ênfase na

---

[10]Cf. C. Cirne-Lima, *Dialética para principiantes*, p. 126ss.

*auto*coerência, na *auto*determinação do Todo? Por que o apelo a estruturas circulares é tão decisivo para pensar o mundo?

Observe com atenção a realidade que o cerca, e você não terá dificuldade em perceber a vigência soberana de estruturas circulares em tudo o que há: no processo contínuo de autoprodução e autopreservação do organismo dos seres vivos; no modo como grupos sociais diversos tendem a reafirmar continuamente as normas e os valores que os definem enquanto grupos, preservando-se enquanto totalidades estáveis apesar do contínuo surgimento e desaparecimento dos indivíduos que os compõem; ou mesmo na forma como as galáxias se preservam estáveis, mantendo em equilíbrio os processos antagônicos de geração e dissolução de estrelas. Enfim, eu poderia elencar exemplos ao infinito, se o infinito fosse alcançável, e sua paciência não esgotasse. Por que o mundo é assim?

▲

O Princípio da Coerência reza: *só o coerente permanece determinado*. "Coerência" é um conceito derivado de "*cohaerentia*", em latim, significando "união", "ligação". Toda determinação pressupõe relação. Desfeita a relação que o possibilita, o ser determinado desvanece. No reino do discurso, esse desvanecimento significa perda de sentido; na esfera do ser, significa perda da existência.

Se determinação supõe relação, cada item determinado no mundo tem de estar em relação com pelo menos um outro item. As entidades no mundo precisam se relacionar mutuamente, como as palavras se relacionam para formar sentenças, e as sentenças se relacionam para formar complexos sentenciais, e assim por diante. Agora suponha que a rede de relações se estenda ao infinito: uma entidade qualquer A só possui qualidade ou determinação ao se relacionar com outra entidade determinada B, que só possui determinação ao relacionar-se com C, e esta com D, e assim ao infinito. Se a série de fato se perdesse no infinito, nenhuma determinação seria possível. Se a rede de relações não pode se perder no infinito, então ela deve, em algum momento, dobrar sobre si mesma. Ela não é propriamente uma rede determinada, mas *auto*determinada. Eis a circularidade do mundo.

▲

Platão havia chegado a essa conclusão bem antes de filósofos como Hegel enfatizarem a importância das estruturas circulares para a compreensão adequada do mundo. A visão de mundo platônica baseia-se na diferenciação entre duas esferas antagônicas do real: o mundo sensível em que vivemos, e o mundo inteligível das idéias puras. O que distingue as duas esferas é justamente o modo como nelas se realiza, ou deixa de se realizar, a circularidade do mundo.

O ponto de partida de Platão é a percepção da precariedade da realidade que nos cerca. Basta observar a dança contínua dos seres, entre nascimento e morte, todos submetidos à potência destrutiva do tempo, jogados continuamente contra os limites da existência como ondas lançadas com violência contra vastos rochedos. Nada permanece, nenhum ser, por mais nobre, é capaz de evadir-se ao tempo. Estamos todos condenados a ele. E o que é o tempo senão a marcha contínua do passado ao futuro, de um início que sempre pode ser remetido a novos inícios, e de um fim sempre transformado em novos fins, e novos recomeços, e assim ao infinito? A existência é essa marcha contínua: um presente eternamente demarcado por um passado e um futuro potencialmente infinitos.

Assim é o mundo dos fenômenos. Cada fenômeno somente possui determinação ao relacionar-se com outro(s) fenômeno(s), e todos os fenômenos remetem à totalidade do mundo sensível. Todavia, a totalidade do mundo sensível não é capaz de dobrar sobre si mesma, mantendo-se estável enquanto mundo. Ela está condenada a afastar-se continuamente de si, a perder-se no infinito.

▲

O mundo sensível só não é o puro caos porque participa, mesmo que precariamente, da racionalidade emanada do mundo inteligível. No mundo concreto em que vivemos há uma infinidade de fenômenos, mas a fenômenos diversos corresponde um mesmo padrão de organização subjacente, uma mesma *medida* que os distingue dos demais. Todos os seres humanos têm um padrão organizacional comum, uma estrutura biológica própria que os distingue dos outros animais. Quando essa medida é extrapolada — por exemplo, quando um ser humano se vê exposto a condições climáticas incompatíveis com sua própria organização interna —, o ser se destrói. Platão atribuía essa organização comum a múltiplos seres à presença de uma estrutura idêntica e atemporal, a *idéia* da qual o ser concreto participa — assim como hoje a atribuiríamos, no caso dos seres vivos, à presença de um genoma comum a múltiplos indivíduos.

As idéias platônicas têm existência autônoma, forjando um mundo inteligível com sua própria estruturação interna. Ao mundo sensível dos seres concretos, dos múltiplos animais, plantas e todos os seres naturais, subjaz o mundo inteligível das idéias — e aqui evidentemente termina a similaridade entre a idéia de Platão e o genoma da Biologia contemporânea.

▲

Platão apresentou uma suma de sua visão de mundo na célebre alegoria da caverna. Suponha a existência de uma caverna onde residem homens amarrados, com as costas voltadas para a larga entrada banhada pela luz do sol. Tudo o que eles vêem do mundo exterior são os reflexos que bruxuleiam ao fundo da caverna, perfis difusos da verdadeira realidade. Nada lhes indica que há outros objetos a serem vistos que não as sombras dispostas na parede, nada lhes indica que há uma realidade verdadeiramente real, a fonte original do que vêem precariamente. O que aconteceria se algum dos prisioneiros fosse libertado, e pudesse deixar a caverna? Ele não se sentiria perturbado ao observar a nitidez do mundo real? Ele não se veria ofuscado por tanta luz? Mas é justamente isso que se espera de verdadeiros filósofos: que possam abandonar a caverna, lançar os olhos para além de nosso mundo precário, resistir ao impacto da verdade, e trazer as boas-novas ao comum dos homens. À imperfeição das figuras no fundo da caverna se contrapõe a nitidez dos seres concretos no mundo exterior. À precariedade de todas as coisas que nos rodeiam, à sua notória transitoriedade, se contrapõe a perfeição das idéias. A rosa real se desfaz, corroída pelo transcurso do tempo, mas a idéia da rosa é eterna; a rosa real tem suas falhas, suas imperfeições, mas a rosa ideal é pura plenitude. As ações humanas são, como sabemos, geralmente precárias, premidas pelos vícios, pelas fraquezas, pelas vilanias de todos os tipos, e pelo cansaço; todavia, a ação do sábio, fundada como está no modelo ideal de conduta, é irretocável. Compreendendo a verdadeira ordem que emana da esfera inteligível, o filósofo deveria ser capaz de reorientar a conduta dos homens, e trazer ordem e harmonia à vida social.

▲

A característica distintiva essencial entre as idéias e os seres concretos reside, como mostrei, justamente no fato de que estes últimos são momentos de uma totalidade — a esfera sensível — caracterizada por uma tendência irrefreável a perder-se no infinito. O mundo sensível é, para Platão, o mundo do excesso, da demasia. Incapaz de confinar-se dentro de limites rigidamente estabelecidos por um padrão de organização universal, o mundo sensível tende a perder constantemente sua própria medida, e condena-se à destruição e ao caos.

No mundo das idéias a situação é muito diferente. As idéias pertencem a uma totalidade perfeitamente autodeterminada. A determinação de cada idéia brota de sua relação com outra(s) idéia(s). Por exemplo, as quatro idéias que residem no topo da esfera inteligível — "mesmidade", "alteridade", "repouso" e "movimento" — determinam-se por suas relações recíprocas, pelo modo coerente como participam ou não participam umas nas outras. O "repouso", enquanto é *idêntico* consigo mesmo, participa da idéia "mesmidade", mas certamente não participa da idéia "movimento"; o "movimento", enquanto é *diferente* das demais idéias, participa da idéia "alteridade", mas não participa da idéia "repouso", e assim por diante. Não faz sentido tematizar uma idéia isoladamente, e tampouco sentido faz imaginá-la instância de uma rede de relações que se perde em um regresso ao infinito, cada idéia dependendo de uma nova idéia, e assim indefinidamente.

Pelo contrário, cada idéia deve repousar em uma totalidade autodeterminada concebida como um dado complexo de idéias. Assim como não há determinação sem relação, não há relação sem a co-presença de uma rede de relações autodeterminada: não há partes sem relações, e não há relações sem o todo. Não há propriamente idéias ao lado de outras idéias, mas idéias que são instâncias de um enlaçamento de idéias, um complexo de determinações compreendido ele mesmo, em seu todo, como uma nova idéia. Se esta idéia de ordem superior está, por sua vez, em relação de dependência com outra idéia a ela exterior, ambas têm de ser instanciadas por um novo complexo, até que, ao final, todas as idéias estejam organizadas como instâncias de um único complexo autodeterminado — o mundo das idéias. Desse modo evita-se o regresso ao infinito no processo de determinação das idéias, marcando a diferença fundamental entre o sensível e o inteligível.

▲

Não compartilho o dualismo platônico entre fenômenos e idéias, mas a ênfase em estruturas circulares é decisiva. O mundo deve ser compreendido como uma totalidade autodeterminada, ou melhor, autodeterminante. Por quê?

A incoerência não resolvida traz consigo o desvanecimento do sentido ou da existência. Só o coerente permanece determinado. Agora imagine qual a conseqüência da perda de determinação. Das duas uma: ou ela implicaria a perda de uma determinação em nome do surgimento de outra determinação — uma transformação de determinação —, ou dela se seguiria a queda no indeterminado.

Mas onde há indeterminação não pode haver incoerência, nem coerência. Se houvesse uma esfera do indeterminado, então haveria um âmbito do mundo ao qual o Princípio da Coerência não se aplicaria de modo algum. Isso contradiria a vigência universalíssima do Princípio da Coerência. Além disso, uma Filosofia que buscasse tratar do indeterminado teria de tematizar o indizível, o que é absurdo (como procurei deixar claro no primeiro capítulo).

Sendo assim, *toda perda de determinação nas partes implica transformação de determinação em uma totalidade que permanece coerente consigo mesma*. Como não há nada além do mundo, nele a transformação de determinação é, na verdade, processo de autodeterminação. O mundo é totalidade em contínuo processo de auto-organização.

▲

Uma totalidade que determina a si mesma, ou se auto-organiza, é um sistema. O termo sistema tem origem no grego "*systema*", significando "pôr" (*histemi*) "junto" (*syn*), "dar unidade". O processo de autodeterminação dos sistemas consta da superação dos eventos incoerentes, que se perdem no devir natural, e preservação da coerência do Todo, ou seja, do próprio sistema. Vemos, desse modo, que o Princípio da Coerência é, nem mais nem menos, o próprio modo de auto-organização constitutivo dos sistemas em geral, a sua natureza mais íntima.

Em seu processo de autodeterminação, os sistemas superam possíveis incoerências internas e preservam a unidade consigo mesmos. Coerência é a unidade de uma multiplicidade, ou a multiplicidade em unidade. O vínculo indissolúvel entre unidade e multiplicidade no âmago do Princípio da Coerência tem muito a nos dizer. Todo processo de autodeterminação de um sistema pode se dar entre dois extremos: o máximo predomínio da unidade sobre a multiplicidade, ou o máximo predomínio da multiplicidade sobre a unidade. Sendo assim, o Princípio da Coerência é a própria dialética do Uno e do Múltiplo, o equilíbrio dinâmico entre dois movimentos antagônicos, ou seja, a tendência à maior unidade (*uniformização*) e a tendência à maior multiplicidade (*diversificação*).

▲

A presente compreensão da *natureza do mundo*, embora não se pretenda vinculada à teoria das idéias, está fortemente inspirada na teoria dos primeiros princípios desenvolvida por Platão no *Filebo*. Nesse diálogo encontramos a afirmação decisiva: "de Uno e Múltiplo seja [feito] tudo aquilo que sempre se diz que é, e contenha em si combinados o limite e o ilimitado".[11] Platão não considera o Uno o

---

[11] Cf. Platão, *Filebo*, 16c.

primeiro princípio do sistema de Filosofia, mas a oposição dialética entre Uno e Múltiplo. O Múltiplo é sinônimo de "ilimitado": todos os eventos no mundo têm uma tendência originária à multiplicação descontrolada, uma inclinação a se perder no infinito. O mundo seria o perfeito caos se a essa tendência primeva não fosse contraposto um outro fator, o princípio da unidade ou do "limite".

O melhor exemplo da presença do "ilimitado" em nós mesmos é o mecanismo do desejo. Não por nada, o diálogo *Filebo* transcorrerá em grande parte seguindo uma rigorosa análise desse mecanismo e do modo como a vida racional pode conduzi-lo a bom termo. Imagine-se saboreando uma bebida muito apreciada, ou um alimento qualquer. A tendência natural do desejo é buscar a sua satisfação. Não raro essa busca não encontra freios, e o risco reside justamente na extrapolação da medida adequada à nossa própria saúde. A razão parte da compreensão desses limites e, de alguma forma, procura orientar a conduta no sentido de regrar o mecanismo do desejo. *A vida racional é vida na medida certa.*

Mas a dialética entre o ilimitado e o limite não é característica apenas do desejo. Ela perpassa tudo o que há, ela diz respeito à natureza mesma do mundo. Vimos que a característica mais própria dos seres sensíveis é justamente a desmedida. Cada ser sensível tende a extrapolar os seus próprios limites e perder-se a si mesmo em uma processualidade sem termo, infinita. A desordem no sensível só não é total porque ele participa do inteligível, o ilimitado participa do limite. Quem regra essa participação é o *nous*, ou inteligência. Não propriamente a sua inteligência, nem a minha, nem a de qualquer um de nós, mas uma razão cósmica que organiza tudo o que há. O *Filebo* interpreta o mundo, portanto, a partir de quatro princípios: o ilimitado *(apeiron)*, fator determinante da tendência a perder-se no infinito, inerente a todos os eventos; o limite *(peras)*, fator que restringe a tendência ao infinito oriunda do primeiro princípio; a inteligência, racionalidade objetiva que, impondo limite ao ilimitado, traz ordem ao mundo; e os existentes, resultado da ação da inteligência sobre o mundo.

Poderíamos também traduzir *peras* e *apeiron*, respectivamente, por "determinação" e "indeterminação", como faz Schleiermacher em sua tradução do trecho do *Filebo* anteriormente citado. A minha preferência por "limite" e "ilimitado" se dá no sentido de enfatizar o caráter dinâmico da dialética de Uno e Múltiplo desenvolvida por Platão. De todo modo, a possibilidade de traduzir *apeiron* por "indeterminação" funda-se em um importante pressuposto filosófico. A face extrema do movimento para uma maior diversificação é, justamente, a queda na subdeterminação — a forma mais radical de manifestação do Múltiplo. O conceito de subdeterminação será decisivo para as análises subseqüentes, e será explicitado logo a seguir.

SOBRE A COERÊNCIA DO MUNDO

O ruflar de asas eterno do devir universal

> Basta abrir a cortina de sua sala e vislumbrar o jardim por alguns minutos: você perceberá a dissolução constante de todos os seres, e seu contínuo renascimento. É o suficiente para constatar o fluxo perpétuo vigorando em tudo o que há. Nada resiste à sua força. Tudo é transitório; e, ainda assim, a totalidade oniabrangente a que chamamos mundo preserva a sua marcha. O fluxo universal permanece. Ele é o fundo de neutralidade que acolhe todas as formas possíveis de existência. Diante dele somos como a poeira que se dissolve no ar ao menor ruflar de asas. A poeira se desfaz, mas permanecem as asas eternas do devir universal.

▲

Se toda perda de determinação nas partes implica preservação da coerência em uma totalidade que determina a si mesma, todo e qualquer evento no mundo é ou sistema ou instância de um sistema, e o mundo é eterno enquanto sistema.

O mundo não é formado propriamente por seres, mas por eventos. Há eventos atuais e eventos apenas possíveis. Um evento atual exerce um efeito de condicionamento sobre outros eventos atuais. Não é o caso dos eventos apenas possíveis, ou puras possibilidades. Eles não condicionam o mundo, mas podem vir a condicioná-lo.

Pense em suas ações cotidianas. Cada ação que você executa no mundo tem uma série de conseqüências sobre outros seres, e sobre você mesmo. Você bebe água em um copo, e o copo fica vazio, e a água exercerá um efeito sobre seu organismo, e outros animais não poderão beber a mesma água nesse momento, e assim por diante. Por outro lado, se você apenas deseja beber a água, e não executa a ação, as suas conseqüências permanecerão apenas possíveis, e não afetarão o ambiente.

O processo de autodeterminação dos sistemas é canalizado por seu modo de organização ou sua *configuração*. Como todo evento é ou sistema, ou instância de um sistema, todo evento possível tem de ser possível à luz do processo de autodeterminação de um sistema atual. Você pode beber água porque o seu corpo é organizado de modo a tornar possível a ação de beber água — embora a disponibilidade de água se deva a fatores que transcendem seu organismo, e remeta à configuração de sistemas mais abrangentes.

Eventos meramente possíveis são *envolvidos* na configuração de um sistema atual. Eventos atuais, por sua vez, têm de ser possíveis. Se a sua possibilidade é apenas relativa, eles são o *desenvolvimento* do que estava envolvido na configuração de um sistema pressuposto. Se sua possibilidade é absoluta, eles não pressupõem nenhum sistema de ordem superior do qual são o desenvolvimento, e se apresentam como atualidade absoluta. A ação *possível* de beber água estava envolvida na organização de seu corpo, que estava envolvida no genoma, que estava envolvido na sopa primeva, ao início da vida na Terra, e assim por diante. Só o Todo do mundo é atualidade absoluta, pois nada há além do mundo.

▲

Um evento apenas possível pode estar envolvido na configuração de um sistema como as fases decisivas de desenvolvimento de um embrião até um ser adulto estão envolvidas no genoma. Um ser humano não pode se tornar adulto sem ter sido um dia feto. A sua existência pregressa como feto é uma condição necessária para ser adulto, uma condição implicada no genoma. O envolvimento pode significar, portanto, *implicação*.

Mas pode significar algo bem diferente. Há configurações que envolvem as possibilidades como o muro de uma propriedade define os seus limites. Não se trata de determinar o que está contido dentro do envolvimento, mas de delimitar o campo de possibilidades para um futuro desenvolvimento.

▲

Você pode também usar uma imagem ainda mais forte, de inspiração aristotélica: possibilidades podem estar envolvidas em uma configuração como os traços perfeitamente definidos de um cavalo estão na mente do escultor que tem diante de si um bloco de mármore; ou como os mesmos traços residiam ainda apenas em esboço, ainda imprecisos na mente do mesmo escultor enquanto concebia sua obra; ou, por fim, trata-se apenas de possibilidades circundadas, deixadas livres, embora delimitadas pela organização intrínseca desse bloco de mármore. A natureza do mármore não define as possibilidades enquanto possibilidades, mas delimita um certo campo de jogo dentro do qual a figura de um cavalo pode surgir.

▲

Agora quero elucidar um conceito importante, decisivo mesmo em tudo aquilo que direi a seguir: *subdeterminação*. Lembre que *determinação* é qualquer qualidade associada a qualquer evento. Todos os eventos atuais são, nesse sentido, determinados, embora possam perder-se na incoerência. Determinados (ou predeterminados) também são todos os eventos possíveis cuja atualização em dado tempo futuro é a única possibilidade tendo em vista o modo de organização de um sistema: o seu desenvolvimento é necessário, ele está *implicado* no modo de organização, ou na configuração do sistema. Que o organismo de um animal dependa de alimentação para sobreviver está implicado no genoma.

Pense em um evento possível cuja atualização em dado tempo futuro é uma entre outras possibilidades definidas (parcial ou totalmente) em um dado campo de ocorrências possíveis, tendo em vista dada configuração sistêmica — sua ocorrência é possível, mas não necessária, ou seja, é contingente. Esse evento não está predeterminado pela configuração do sistema, mas subdeterminado.

Enfatizo a expressão "subdeterminação", e não "indeterminação". Subdeterminação é a propriedade da instância de um campo limitado de possibilidades; indeterminação é a propriedade da instância de um campo ilimitado de possibilidades. A partir dessa diferenciação podemos eliminar uma ambigüidade típica do discurso filosófico tradicional, deixando de confundir contingência e acaso: a primeira é a propriedade de um evento subdeterminado pela configuração de um certo sistema, e o segundo é a propriedade de um evento pura e simplesmente indeterminado. Ora, um campo ilimitado de possibilidades não é propriamente um campo — trata-se de um contra-senso —, e todas as possibilidades inerentes ao mundo pressupõem um sistema que as instancie, não havendo nem indeterminação nem acaso no mundo, e sim subdeterminação e contingência. O mundo possui zonas de subdeterminação, mas jamais indeterminação.

A evolução do mundo

A coerência reverbera em múltiplas configurações

O mundo não pode se desfazer enquanto sistema, enquanto aquela totalidade em movimento que envolve todos os eventos possíveis, e instancia todos os eventos atuais.

O mundo é atualidade absoluta. Mas há potencialmente infinitos modos possíveis de realizar a autocoerência do todo, e potencialmente infinitas *configurações de mundo* associadas à preservação da coerência do universo enquanto sistema. *A coerência reverbera em múltiplas configurações.*

▲

Agora podemos voltar à imagem do pêndulo, e observar sua importância para a compreensão do devir universal. O mundo movimenta-se continuamente no campo de todas as possíveis realizações da dialética do Uno e do Múltiplo, ou seja, do próprio Princípio da Coerência, oscilando entre o predomínio máximo da unidade sobre a multiplicidade (o reino do Ser), e o predomínio máximo da multiplicidade sobre a unidade (o reino do Aparecer). Dos diversos graus de manifestação do predomínio do Uno sobre o Múltiplo, ou vice-versa, emanam os diversos graus de determinação e de inteligibilidade do mundo.

Imagine-se acompanhando o movimento pendular do mundo na direção da máxima uniformização (do predomínio máximo do Uno sobre o Múltiplo). Você vê o pêndulo se aproximando do reino do puro Ser. Conforme um sistema, seja qual for, se aproxima da máxima uniformização, o seu processo de autodeterminação se assemelha cada vez mais a uma vasta tautologia. Novas variações deixam de ser engendradas, e o processo como um todo se torna em grande medida invariante. A diferença é reduzida à identidade, a variação à invariância, a subdeterminação à determinação. O envolvimento não apenas circunda as possibilidades, mas as implica.

Por fim, mesmo a quantidade de eventos engendrados pelo processo diminui drasticamente. O Múltiplo é reduzido ao Uno, tanto no sentido qualitativo (referente ao modo do processo de determinação) quanto quantitativo (relativo ao número de eventos engendrados) do desenvolvimento em questão. A inteligibilidade do real aumenta progressivamente, diminuindo, todavia, a quantidade de informação disponível. O que significa dizer que, do ponto de vista de um observador universal, o conhecimento mais rico ocorre em algum lugar entre os extremos da máxima e da mínima uniformização.

▲

No grau máximo de uniformização, o mundo se manifesta como a quase pura identidade do Ser. Digo *quase* pura identidade, porque a identidade absoluta é impossível de ser alcançada. Se ela fosse possível, seria possível o desaparecimento total do Múltiplo no Uno, mas já vimos que a dialética do Uno e do Múltiplo é incontornável.

De fato, a identidade em sua face mais extrema é a pura relação de si consigo mesmo, a relação pura consigo do Ser. O processo de autodeterminação é então reduzido à repetição da auto-identidade do mundo. Parece não restar nenhum resíduo do Múltiplo, ele parece totalmente aniquilado na identidade pura, mas não é o que acontece de fato.

O diálogo com Parmênides deixou claro esse ponto: o Ser não é puro Uno. Mesmo a auto-identidade é ainda expressão do Princípio da Coerência, e, portanto, da dialética entre Uno e Múltiplo. Trata-se aqui apenas de uma de suas manifestações mais extremas — o predomínio máximo do Uno sobre o Múltiplo. A identidade consigo supõe diferença. O que aparentemente seria uma entidade simples é, na verdade, uma estrutura relacional: dois itens em relação de identidade. O mundo não pode se manifestar jamais como uma entidade simples, e jamais perderá esta dose mínima de complexidade interna. Além desse mínimo de diferença, a repetição da identidade do mundo ainda expressa o *devir* universal, e não uma entidade estanque. O Ser de Parmênides não é, de fato, puro Ser: o Aparecer o habita, mesmo que rebaixado à sua versão minimalista. A totalidade do mundo é ainda *evento*, e, portanto, variação.

O mais decisivo é que a manifestação extrema do predomínio do Uno sobre o Múltiplo é apenas uma entre as potencialmente infinitas manifestações da coerência do mundo consigo mesmo. A configuração particular de mundo revelada pela auto-identidade permanece subdeterminada pelo Princípio da Coerência em sua vigência absoluta. Essa configuração é, portanto, *envolvida* pela razão do mundo, que sempre a excede, apontando em seu devir universal para o vasto campo de possíveis realizações diversas da autocoerência do todo. O mundo não tardará a desenvolver novas configurações, mostrando que o que parecia o reino da perfeição mais pura e absoluta, o reino do puro Ser, contém a presença tensa do Aparecer.

Qualquer manifestação subseqüente da diversidade — por exemplo, o surgimento de novas relações, ou novos tipos de relação para além da forma da auto-identidade — levará ao colapso aquela configuração sistêmica minimalista, que reduziu o mundo a um sistema radicalmente simples. Desse modo percebemos, não sem certa surpresa, que o reino estático e supostamente puro do Ser é, na verdade, uma manifestação altamente instável e improvável da autocoerência.

▲

Podemos fazer agora o movimento inverso, tomando a estrada que conduz do Ser ao Aparecer. O pêndulo se encaminha para a realização máxima do predomínio do Múltiplo sobre o Uno. Esse processo está associado, de início, a uma complexificação do mundo. Todavia, um sistema meramente complexo não espelha ainda o predomínio máximo da diversificação, pois cada novo evento instanciado pressupõe a sua unidade ou relação com outros eventos. A multiplicidade determinada pressupõe, na verdade, como vimos no argumento zenoniano de refutação da existência de multiplicidade no mundo, a presença de unidade. Só a variação subdeterminada expressa a verdadeira potência do Múltiplo.

Conforme o sistema do mundo se aproxima de uma maior diversificação, torna-se visível o modo menos estringente do processo de autodeterminação, cada vez mais semelhante a uma vasta desordem. A multiplicidade, ao início determinada, revela mais e mais sua face mais própria, ou seja, enquanto multiplicidade subdeterminada pelo Princípio da Coerência. As novas determinações engendradas pelo sistema estão prefiguradas apenas como possibilidades (total ou parcialmente definidas) por seu processo de autodeterminação; os processos iterativos são superados cada vez mais pelo engendramento do novo. O Uno é paulatinamente reduzido ao Múltiplo, o mesmo ao outro, a identidade à diferença, a invariância à variação. A inteligibilidade do real reduz-se ao mínimo possível.

A face extrema da diversificação implica transformação de todos os eventos atuais em puras possibilidades, instanciadas por uma configuração sistêmica minimalista. A máxima subdeterminação se dá em um sistema simples, no qual resta determinada apenas a auto-relação do todo enquanto Aparecer. Mas o Aparecer, na pura relação consigo mesmo, é apenas a contrapartida do Ser na mesma situação, e os dois opostos não se diferenciam mais, ao menos não no sentido de fundarem configurações de mundo antagônicas. Ser e Aparecer se mostram como aquilo que são: aspectos de uma e a mesma configuração de universo que expressa o limite extremo no qual coincidem os caminhos antagônicos do movimento pendular.

▲

Compreendemos, surpresos, que as vias antagônicas da máxima uniformização e da máxima diversificação convergem para um e o mesmo centro, e nele repousam provisoriamente, coincidindo em uma e a mesma configuração de mundo. Os movimentos antagônicos se fundem, distinguindo-se apenas da perspectiva de quem visa enunciá-los levando em conta a gênese daquela configuração. Eis uma das formas possíveis da coincidentia oppositorum, *a coincidência dos opostos do filósofo Nicolau de Cusa.*

▲

O que vemos se destacar nas duas direções antagônicas do movimento pendular são, de um lado, os *modos do Uno* (associados à *uniformização*): mesmidade (ou identidade), invariância e determinação; de outro, os *modos do Múltiplo* (associados à *diversificação*): alteridade (ou diferença), variação e subdeterminação. O Princípio da Coerência, por seu turno, não se resume nem à uniformização nem à diversificação, mas à dialética entre ambas, sua oposição complementar no âmago de um processo de autodeterminação.

O Princípio da Coerência é justamente o processo de preservação da unidade sistêmica por meio da dialética adequada entre o Uno e o Múltiplo.

Para onde seguem todas as coisas?

Se de um lado o Princípio da Coerência torna necessária a preservação da coerência do mundo como um todo, ele torna apenas possíveis as manifestações particulares da coerência nessa ou naquela configuração de mundo, ou nesse e naquele subsistema instanciado pelo mundo. As configurações de mundo podem se mostrar incoerentes, e se perder no devir histórico. Sua perda não significa o colapso do mundo enquanto mundo, mas apenas a transformação de uma configuração de mundo em outra, e a continuidade do devir universal.

Como a coerência das configurações de mundo é apenas possível, mas não necessária, ou seja, como ela é contingente, o mundo é dotado de uma historicidade originária e incontornável. Digo *historicidade* porque é a presença da contingência no âmago do mundo que gera o *tempo* em seu sentido irreversível e a *história do mundo* em seu sentido estrito.

▲

Seleção natural é o nome dado à preservação dos eventos coerentes no devir histórico e superação dos eventos incoerentes. O devir histórico do mundo, enquanto apresenta uma tendência ao mais coerente, é a *evolução*. A história universal é o processo, sempre renovado, de preservação das configurações de mundo mais coerentes, e da superação das configurações menos coerentes. Seguindo as restrições características da seleção natural, o universo evolui.

Mas não temos aqui nenhum movimento evolutivo no sentido de uma coerência absoluta. O mundo enquanto sistema é coerente de modo absoluto, e ponto. Ele não pode ser mais ou menos coerente do que já é, enquanto sistema. Já as configurações de mundo e os subsistemas do mundo só podem ser considerados mais ou menos coerentes em relação ou ao próprio devir universal, ou a uma dada situação histórica que não pode ser antecipada filosoficamente, ou seja, que não pode ser derivada diretamente da teoria dos primeiros princípios.

O mundo enquanto sistema é compatível com qualquer realização da dialética do Uno e do Múltiplo. Todavia, para as configurações particulares de mundo e para todos os subsistemas, o Princípio da Coerência estará associado à busca pelo adequado equilíbrio — no sentido de distribuição, proporção harmoniosa — entre uniformização e diversificação. O adequado equilíbrio é contexto-dependente, o que significa: saber em que grau tem de ser realizado o equilíbrio entre uniformização e diversificação para que a autocoerência de dado sistema seja preservada, isso depende do sistema e do contexto evolutivo em questão. Tenha em mente esse último ponto, porque ele será relevante para o tratamento da Metafísica da Ética, no último capítulo.

▲

Não sabemos qual configuração de mundo, entre as potencialmente infinitas que realizam a autocoerência do universo, emergirá como a mais coerente em certo momento do devir histórico. Sabemos, contudo, que a configuração de mundo em que se reúnem, como aspectos de um mesmo todo, o Ser e o Aparecer, é extremamente instável, e qualquer configuração mais complexa do que esse sistema simples terá mais chances de preservar a si mesma e gerar uma história própria.

O mundo precisa diferenciar-se internamente, produzindo complexidade. Como não há nada além do mundo, esse processo só pode ser compreendido como um movimento de autodiferenciação. Poderíamos seguir, então, dois caminhos: a complexificação via *repetição* de sempre o mesmo, ou a complexificação via *renovação* ou surgimento do sempre novo. No primeiro caso, teríamos um processo de autodiferenciação caraterizado pelo desenvolvimento de sempre a mesma unidade — formal (ou seja, dizendo respeito ao modo de relação) ou material (relativa ao item que é reproduzido). Sendo essa configuração complexa coerente consigo mesma, ela permanecerá no tempo.

No segundo caso, a produção de diversidade é maximamente aleatória — os itens e os modos de relação entre os itens que constituem o sistema geral variam constantemente (e de modo subdeterminado). Parece claro que um tal sistema, exposto na situação 2a (ver quadro na p. 97), mal surge e é incapaz de preservar sua coerência interna. Não há unidade, a não ser em um lapso de tempo; não há identidade, a não ser no intervalo exíguo entre duas ou mais diferenças. A configuração de universo em questão não se sustenta, entrando constantemente em colapso. Não podemos buscar nela o ponto de repouso provisório do devir universal.

No que diz respeito ao primeiro caso (ver quadro, situação 2b, p. 97), temos um modelo de universo mais estável, mais capaz de forjar uma história própria. Todavia, exposto ao dinamismo característico do devir universal, gestado pelo caráter subdeterminado de todas as configurações de mundo particulares, também a configuração de mundo que privilegia desse modo a uniformização sobre a diversificação não poderá perdurar. O resultado da repetição complexa é a produção de uma rede fixa de determinações, incapaz de instanciar subdeterminação e multiplicidade, ou seja, de resistir às variações inevitáveis dos eventos expostos ao dinamismo universal. O surgimento de variações não previstas pela legalidade inerente ao processo de autodeterminação mencionado levaria essa configuração de mundo ao colapso.

▲

O atrator do devir universal é, portanto o lugar onde encontramos configurações de universo capazes de realizar o razoável equilíbrio entre uniformização e diversificação. Sistemas flexíveis desse tipo são capazes de receber o impacto da presença de multiplicidade subdeterminada sem entrar em colapso enquanto sistemas, sendo capazes de perdurar pelo menos o tempo necessário para a produção de uma história própria.

Sistemas flexíveis são aqueles capazes de combinar, em si mesmos, momentos de identidade e de diferença, de invariância e variação, de determinação e subdeterminação, sem entrar em colapso enquanto sistemas. A sua flexibilidade permite a sua adaptação ou coerência, ao menos em certa medida, com o devir universal. Se esse é o caso, essas configurações de mundo podem então gerar uma direção toda específica do devir universal, uma história e uma evolução próprias. Elas podem gerar subsistemas, complexificar-se e resistir ao impacto do que há de contingente no mundo, sem se desfazer.

Segue abaixo o esquema que proponho como ilustração do devir universal, e sua *tendência* a preservar o mais coerente.

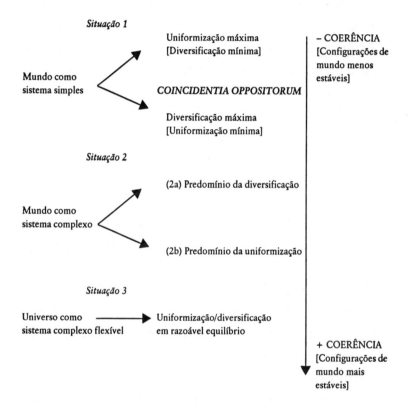

A flecha indicadora da tendência do devir histórico a preservar o mais coerente não deve nos enganar. Trata-se de uma *tendência*, e não de uma ocorrência necessária. O devir universal *pode* produzir por igual uma configuração de universo como sistema simples, embora tal situação seja pouco provável. Além disso, deve-se sempre ter em mente que o *grau de realização* do equilíbrio entre o Uno e o Múltiplo é contexto-dependente. A teoria dos primeiros princípios muito pouco nos diz antecipadamente sobre essa ou aquela história particular do universo, sobre essa ou aquela realização da coerência em um momento específico do devir universal.

A história multidirecional: um confronto com Hegel

Herdamos da tradição duas leituras contraditórias do devir universal. Para Platão e os neoplatônicos, o transcurso histórico consiste em um descenso contínuo e consistente da racionalidade e perfeição do Uno em direção à irracionalidade e imperfeição do Múltiplo. Para Hegel, pelo contrário, a história deve ser interpretada à luz de um movimento progressivo de níveis mais baixos a níveis superiores e mais elevados de racionalidade — isso tanto no que diz respeito aos níveis que estruturam a realidade, do mundo inorgânico ao orgânico, quanto no contexto da história propriamente dita do desenvolvimento humano na direção de uma progressiva realização da idéia da liberdade.

O confronto com o pensamento de Hegel será importante nesse contexto para mostrar em que medida, apesar de concordar com a ênfase no caráter evolutivo (e não involutivo) do devir universal, o presente modelo de Filosofia rejeita certa premissa básica da noção de progresso própria ao sistema hegeliano.

▲

A Filosofia hegeliana parte da convicção de que há uma identidade estrutural entre o ser e o pensamento. Podemos pensar o mundo porque há um mesmo princípio de organização comum ao nosso pensamento e às coisas elas mesmas. Hegel denomina esse princípio de Idéia. Não há propriamente múltiplas idéias, como em Platão, mas uma Idéia única que se apresenta como uma totalidade complexa e multifacetada.

Grosso modo, a Idéia hegeliana é um processo de autodesenvolvimento da subjetividade na direção do pleno conhecimento de si mesma. Devemos ter em mente, contudo, que o conceito de "subjetividade" não se aplica aqui apenas ao pensamento humano. Falamos da natureza do pensamento, que é a natureza do ser em geral e, portanto, de um princípio metafísico que pervade tudo o que há. A subjetividade é espírito, e mesmo a natureza não é mais do que "espírito adormecido", ainda não consciente de si mesmo. O ser humano é o espírito que abandonou o seu torpor natural e tomou consciência de si. O espírito puro (*Ciência da Lógica*), o espírito alienado (Filosofia da Natureza) e o espírito efetivo e consciente de si (Filosofia do Espírito) formam os três momentos do sistema hegeliano.

▲

> *Imagine-se situado à beira de um rio, as águas fluindo incessantemente. Você observa o fluxo da corrente, e sabe-se distinto dela, como alguém a acompanhar de fora o movimento da vida. A natureza se apresenta a você — uma coleção enorme, talvez infinita de objetos dos mais diversos tipos —, e sua mente está distante de tudo isso, ela sequer pode ser observada, ela não é objeto de modo algum, como a água e a pedra são objetos. Se o universo fosse a soma de todos esses objetos observáveis na experiência, então ele seria radicalmente exterior a você, e você seria um estranho nele. Para Hegel, todavia, dá-se exatamente o contrário: a essência de sua mente é a mesma essência do universo, a própria subjetividade. Na verdade, mais do que isso: você é o absoluto, o próprio universo observando a si mesmo. Você é um veículo da manifestação da subjetividade absoluta.*

▲

A Idéia e suas determinações são o tema da *Ciência da Lógica*, a obra em que Hegel expõe sua nova proposta de Metafísica. A *Lógica* providencia a reconstrução críticosistemática das categorias fundadoras dos principais sistemas filosóficos da tradição. Assim, no primeiro capítulo a tríade "ser", "nada" e "devir" traz a reconstrução das disputas entre a teoria do Ser de Parmênides e a teoria do Devir de Heráclito. Não apenas o início da filosofia ocidental com os gregos, mas toda a história da Filosofia deveria de algum modo ser reconstruída em um sistema exaustivo de categorias. Para Hegel, cada uma das grandes filosofias do passado expressa um momento da verdade filosófica universal. Elas são como peças de um vasto quebra-cabeça, imagens parciais da verdadeira figura do Todo.

A tese principal da *Lógica* hegeliana é a mesma já investigada em Platão, que tenho pressuposto desde o início como verdadeira: *toda determinação pressupõe relação*. Categorias como "ser", "nada" e "devir" só possuem determinação ou qualidade enquanto se relacionam com outra(s) categoria(s). Cada categoria pertence, portanto, a uma rede de relações. Como já vimos, a rede de relações, em vez de se perder no infinito, tem de ser dobrada sobre si mesma, gerando uma totalidade autodeterminada. Cada categoria é articulada dentro de uma totalidade que determina a si mesma (por exemplo, o primeiro campo categorial da *Lógica* já mencionado, envolvendo "ser", "nada" e "devir"). Se essa totalidade, por sua vez, é configurada em uma categoria sintética que pressupõe outras categorias, então se forma uma nova rede de relações autodeterminada (por exemplo, a rede constituída por "["devir", elevado a] ser-aí", "finitude" e "infinitude".[12]) E assim se procede, passo a passo, até que todo o sistema de categorias esteja constituído.

Esse processo de construção do sistema de categorias percorre três fases fundamentais: a lógica da *passagem* (Doutrina do Ser), a lógica do *aparecer* (Doutrina da Essência) e a lógica do *desenvolvimento* (Doutrina do Conceito). Como vimos, Hegel defende uma Ontologia das relações e de redes relacionais autodeterminadas. A lógica da *passagem* é caracterizada pela tendência das redes a se perderem no infinito. Como nenhuma determinação é possível sem relação, e nenhuma relação sem uma totalidade autodeterminada pressuposta, essas redes ao final se encontram ancoradas em uma totalidade — o próprio Ser — que as instancia; contudo, as determinações engendradas dentro dessa totalidade ainda não têm o grau de estabilidade que encontram em fases posteriores da *Lógica*. Cada determinação, ao surgir, aponta para e se desfaz em outra determinação, e assim por diante. Por isso a lógica do Ser é caracterizada como uma lógica da *passagem*.

Na lógica do *aparecer* cada elemento do sistema se relaciona com outro elemento, mas de tal modo que cada qual espelha, reflete seu par antagônico. A relação de A com B não implica um movimento que se perde no infinito, de tal modo que A se relacione B, B com C, C com D, e assim por diante. A se relaciona com B de tal modo que B é o aparecer de A. Essência e aparência constituem-se mutua-

---

[12]Cf. Hegel, *Wissenschaft der Logik*, v. 5, p. 115ss.

mente. Desse modo, a rede relacional volta mais sobre si mesma, e ganha em densidade. A estrutura relacional investigada na Doutrina da Essência é, portanto, mais circular do que aquela observada na Doutrina do Ser, e as determinações aqui encontradas são mais estáveis, mais consistentes. Todavia, a característica principal da lógica do *aparecer* é que, entre a essência e a aparência, permanece uma relação assimétrica. A é essência, B aparência; A é fundamento, B é fundado; a essência é mais consistente que a aparência, e o fundamento, mais consistente que o fundado.

Na lógica do *desenvolvimento* temos um par relacional perfeitamente simétrico, de tal modo que os dois itens em relação não apenas se espelham mutuamente, mas são momentos de uma mesma totalidade em processo de autodeterminação. A rede relacional não tende a se perder no infinito, tampouco a tendência à infinitude é contida por uma estrutura reflexiva assimétrica. A totalidade agora se relaciona apenas consigo mesma, e nessa auto-relação *manifesta* todas as suas determinações intrínsecas. Uma mesma totalidade se autodetermina produzindo complexidade interna, e preservando-se enquanto totalidade. Eis o Conceito hegeliano, sendo a Idéia o Conceito realizado ou efetivado.

▲

Essa breve análise da *Lógica* permite demonstrar que a lógica da Idéia se caracteriza pelo processo de realização progressiva de estruturas cada vez mais circulares e autodeterminantes. O que caracteriza as fases iniciais de desenvolvimento da Idéia é sua baixa reflexividade ou circularidade; o que caracteriza a fase final é sua perfeita circularidade. Hegel associa ao aumento progressivo de circularidade um enriquecimento da cognição. A auto-referência de estruturas circulares é cognição, e o seu aperfeiçoamento é o enriquecimento da cognição. A Idéia é subjetividade em processo progressivo de autoconhecimento.

Como o mundo contém em seu âmago a Idéia, o real tem de ser expressão da lógica imanente à Idéia, a *Filosofia do Real* deve expressar a logicidade investigada pela *Ciência da Lógica*. De fato, o real como um todo é concebido por Hegel à luz dessa imagem de uma estrutura em desenvolvimento na direção de níveis mais elevados de realização da subjetividade. A natureza é espírito adormecido, e o que diferencia uma pedra de um animal é apenas o grau de realização do Conceito e, portanto, o grau de realização de processos circulares autodeterminantes. No organismo de um animal, as partes são mais mutuamente relacionadas e condicionadas do que ocorre nos sistemas inorgânicos. Por sua vez, quando levamos em conta a trama intersubjetiva que funda uma cultura, as relações simbólicas entre múltiplos agentes em uma sociedade, percebemos, segundo Hegel, totalidades perfeitamente autodeterminantes, em que as partes como que se identificam mutuamente em relações perfeitamente simétricas de reconhecimento — ao menos se levarmos em conta os níveis mais elevados de realização do espírito, como no contexto da instauração de um saber absoluto.

O saber absoluto é a realização suprema da Filosofia. Nele se dá o acordo entre todas as consciências, e mesmo entre as múltiplas filosofias legadas pela tradição, em uma visão de mundo coerente e unificada — aquela fornecida justamente pela *Lógica* hegeliana. E o sistema chega à completude. Ele iniciou com a *Ciência da Lógica*, passou pela *Filosofia da Natureza*, chegou a seu ápice na *Filosofia do Espírito*, e agora retorna à *Lógica*.

▲

Vemos, portanto, que o devir universal é compreendido por Hegel como um processo progressivo de revelação da subjetividade para si mesma. O mundo é regido por aquilo que chamo *teleologia do incondicionado*, ou seja, um movimento orientado a um fim incondicionado: a realização da subjetividade absoluta no mundo. Como o fim está predeterminado e é único, todo processo histórico é compreendido por Hegel de modo unidirecional.

Pelo contrário, acredito que o devir histórico tenha um sentido *multidirecional*. É verdade que há uma assimetria radical entre incoerência e coerência. Como toda perda de determinação implica transformação em um sistema que permanece coerente consigo, o sentido do devir histórico se dá na direção da realização da coerência. O devir histórico universal tem sentido evolutivo, e não involutivo. Mas há múltiplos modos possíveis de realizar a coerência consigo. A teleologia que tenho defendido é imanente e dinâmica: ela é *imanente* porque a direcionalidade de todo e qualquer processo de autodeterminação — e, portanto, também do devir do mundo como um todo — é engendrada pelo próprio sistema em questão, dispensando qualquer elemento a ele estranho; ela é *dinâmica* porque o *telos*, o atrator do devir universal, está em contínuo movimento.

O verdadeiro atrator de todo e qualquer sistema é a autocoerência. Todavia, como múltiplas configurações sistêmicas podem realizar por igual a coerência do todo, o movimento para a autocoerência forja múltiplos caminhos, as várias vias da história natural. Sinto-me mais próximo, aqui, da noção de história implícita na biologia contemporânea do que de Hegel. Se e enquanto levamos em conta um meio ambiente específico, a força da seleção natural tenderá a favorecer aqueles indivíduos mais aptos à sobrevivência nesse meio: sobreviverão mais os mais coerentes com esse meio. Contudo, uma mudança das condições do meio ambiente poderá alterar o rumo anterior da evolução, tendendo possivelmente a beneficiar indivíduos talvez não tão bem adaptados à situação anterior.

▲

Há ainda outra importante diferença com relação a Hegel. Do que foi dito pode-se destacar que a presente Ontologia (ou Metafísica da Natureza) tem os seguintes pontos em comum com a abordagem hegeliana: a) toda determinação pressupõe relação; b) a instauração de qualquer determinação somente é possível no contexto de uma rede de determinações autocoerente. Mas, contra Hegel, aceito que: c) há múltiplos modos possíveis de estabelecer um sistema autocoerente de determinações, e tais possibilidades não estão prefiguradas antecipadamente ou *a priori* pela exigência de coerência do todo — elas são constituídas historicamente.

Disso se segue o que denomino uma *deflação da Ontologia*. Deflação da Ontologia significa a redução das determinações universalíssimas impostas ao mundo por seu princípio de organização. O princípio do sistema hegeliano, a Idéia, não apenas predetermina o *fim* de todo progresso do espírito no mundo, mas também cada uma das fases de desenvolvimento do todo. Enfim, as fases de desenvolvimento da subjetividade absoluta no mundo estão *implicadas* na Idéia.

Acredito que devamos, pelo contrário, radicalizar o movimento deflacionário implícito no darwinismo contemporâneo. Lembremos que o pensamento biológico tradicional, sistematizado por Lineu em 1735, em seu *systema naturae*, permanecera fortemente orientado pela teoria platônica das idéias. O mundo natural era examinado pelas lentes de um pensamento tipológico, ou seja, organizado a partir de tipos — análogos às idéias platônicas. Os seres eram classificados por ordens, famílias e espécies. Cada espécie era definida por caracteres específicos, e o indivíduo dotado de todos esses caracteres era, então, o holótipo, o tipo ideal que servia como modelo para a elaboração de catálogos.[13] Em Hegel, os tipos do desdobramento do mundo correspondem às categorias da *Lógica*, capazes de catalogar *a priori* as múltiplas fases do desenvolvimento histórico.

Na visão darwinista, os seres do mundo natural se parecem mais com as figuras de perfis difusos observadas pelos prisioneiros ao fundo da caverna de Platão do que com as idéias. A noção mesma de "espécie" torna-se difusa. A determinação dos traços universais comuns a múltiplos indivíduos é agora atribuída ao genoma, ele mesmo originado de uma história específica não predeterminada por nenhum princípio de ordem superior. A biologia permanece ancorada em uma teoria dos primeiros princípios (embora restrita, em um primeiro momento, à compreensão dos seres vivos), mas essa teoria é de ordem minimalista: pressupõe-se apenas a presença de moléculas replicadoras, possíveis mutações durante a replicação e a ação da seleção natural.

▲

Se a Metafísica da Natureza que tenho defendido neste capítulo se sustenta, um movimento deflacionário semelhante deve ser introduzido na própria cosmologia: tudo o que temos como teoria dos primeiros princípios é a compreensão de que o mundo é uma totalidade auto-organizada regida por um Princípio da Coerência que determina a eterna autocoerência do mundo enquanto sistema, mas subdetermina os

---

[13]Cf. J. Ruffié, *Tratado do ser vivo*, p. 28.

modos de realização da coerência do todo consigo mesmo, engendrando desde sempre a história das configurações de mundo. Se a legalidade universalíssima inerente ao universo é tão-somente o Princípio da Coerência, temos de aceitar o fato de que boa parte das assim chamadas "leis naturais" em Física são também resultado da história natural e não seu princípio: "As próprias leis da natureza, como as espécies biológicas, podem não ser categorias eternas, mas antes criações de processos naturais ocorrendo no tempo".[14] Além das espécies, o próprio mundo evolui no tempo.

Terminologia 2

Aparecer — Categoria central no ceticismo de Pirro, caracterizando o reino dos fenômenos destituídos de unidade e ordem que é o próprio mundo.
Coerência — A unidade de uma multiplicidade.
Conceito — Em Hegel, o princípio de organização do mundo.
Configuração — O modo de organização de um sistema.
Contingência — Característica do evento possível, mas não necessário.
Desenvolvimento — A atualização dos eventos possíveis de início *envolvidos* na configuração de um sistema; ou o resultado dessa atualização.

---

[14] L. Smolin, *The Life of the Cosmos*, p.18.

Dialética — A teoria filosófica que compreende o mundo a partir da relação tensa entre elementos opostos, mas complementares. A Metafísica que defendo é dialética por estar assentada na oposição complementar entre o Uno e o Múltiplo.

Diversificação — O movimento no sentido do predomínio do Múltiplo sobre o Uno, no processo de autodeterminação de um sistema.

Envolvimento — O engendramento de um campo de possibilidades pela configuração de um sistema; ou o resultado desse engendramento.

Evolução — O devir histórico do mundo, enquanto apresenta tendência à maior coerência.

Idéia — Em Platão, a estrutura atemporal e ideal que serve de fundamento à ordem do mundo concreto em que vivemos, embora o transcenda. Contrariamente a Platão, em Hegel há apenas uma Idéia: o Conceito realizado.

Múltiplo — Na filosofia platônica, juntamente com o Uno, forma a oposição originária a partir da qual se estrutura o mundo. A sua presença impõe a todos os seres uma tendência ao ilimitado que, quando não barrada, conduz à perda de determinação e à desordem. Na presente Metafísica da Natureza, o Múltiplo é explicitado nos seguintes modos: alteridade (ou diferença), variação e subdeterminação.

Mundo inteligível — Em Platão, o mundo ideal constituído pelas idéias puras.

Mundo sensível — Em Platão, o mundo concreto em que vivemos.

Necessidade — Característica de um evento que é de certo modo, e não pode ser diferentemente.

Ontologia — A Teoria do Ser ou do mundo em sua totalidade. Na conceituação que tenho utilizado, o mesmo que Metafísica da Natureza (cf. Terminologia 1).

Ontologia deflacionária — A Ontologia é deflacionária quando há um número mínimo de características universalíssimas impostas ao mundo por seu princípio de organização.

Princípio da Coerência — O modo de auto-organização constitutivo dos sistemas em geral que implica superação de incoerências com preservação da unidade sistêmica.

Seleção natural — Preservação dos eventos coerentes, e superação dos incoerentes no devir universal. O mecanismo da seleção natural é o Princípio da Coerência.

Ser — Na filosofia de Parmênides, o próprio Universo enquanto totalidade indistinta e atemporal.

Sistema — Totalidade auto-organizada regida pelo Princípio da Coerência.

Teleologia — O movimento direcionado a um fim.

Teleologia do incondicionado — Em Hegel, o movimento teleológico caracterizado por ter como fim a manifestação plena da subjetividade incondicionada ou absoluta.

Teleologia dinâmica — Em oposição a Hegel — que considera o *fim* do movimento dialético como *fixo* —, o processo direcionado a um fim em contínuo movimento.

Teleologia imanente — A direção de movimento é determinada pela organização interna do sistema em questão, não envolvendo apelo a elementos exteriores ao próprio sistema.

Uniformização — Movimento no sentido do predomínio do Uno sobre o Múltiplo, no processo de autodeterminação de um sistema.

Uno — Em Parmênides, o mesmo que Ser. Em Platão, juntamente com o Múltiplo forma a oposição originária a partir da qual se estrutura o mundo. A sua presença impõe limite à tendência ao ilimitado emanada do Múltiplo, e introduz ordem no mundo. Na presente Metafísica da Natureza, o Uno é explicitado nos seguintes modos: mesmidade (ou identidade), invariância e determinação.

Resumo

Ao início do presente capítulo mostrei que uma certa leitura do Princípio da Coerência conduziu o pensamento ocidental a perder-se em posturas dualistas. O exame da forma mais radical de dualismo, a contraposição entre Ser e Aparecer, revelou todavia que esses opostos são apenas modos diversos de manifestação do próprio Princípio da Coerência. A abrangência surpreendente do princípio exigiu sua reconceituação, em grande medida inspirada no diálogo Filebo, *de Platão. O Princípio da Coerência é, na verdade, a própria dialética do Uno e do Múltiplo constitutiva da logicidade íntima de todo e qualquer sistema em seu processo de auto-organização. Abordei, então, as conseqüências dessa nova leitura do Princípio da Coerência para a compreensão da própria totalidade do mundo, de sua eternidade enquanto sistema, e da historicidade inerente a suas configurações particulares.*

Próximo capítulo

O *Princípio da Coerência* não determina apenas a *dizibilidade* do mundo, mas também sua *integridade*, o bem primeiríssimo. O mundo é permeado por hierarquias de valores que inspiram toda conduta ética.

A integridade do mundo

Sobre o bem

Para além de modelos antropocêntricos em Ética

É comum considerarmos, na atualidade, que a produção de valor depende de uma atribuição consciente de prioridade por um ser humano. Somente uma subjetividade complexa como a mente humana poderia ser a fonte de valores. Todo reino natural não-humano é visto como destituído de qualquer valor intrínseco, e só adquire valor pela mediação de uma decisão humana. Essa posição é chamada de *antropocentrismo*, a perspectiva ética que considera o homem o único ser passível de consideração moral.

Éticas antropocêntricas, todavia, são incapazes de dar conta das evidências de presença de prioridade para além do mundo humano. Se você encontra alguém torturando um animal, esta ação é incorreta apenas porque homens (alguns ou todos os homens) ou seres racionais (alguns ou todos os seres racionais) assim a consideram? Não é verdade que animais têm prioridades, e que suas prioridades independem inteiramente da atribuição de valor por parte de "seres racionais"? As éticas antropocêntricas são uma expressão viva da era da técnica, que supõe a subordinação de todo mundo não-humano ao homem, cuja ação não pode ser limitada por nenhum princípio ético não determinado pelo próprio homem.

▲

O corpo ora caído
não brilha,
não evoca
máscaras, conceitos —
idéias distraídas
da sede.
A sua falta espanta,
angustia,
mas não cansa de dizer
a todos os passantes:
"eu fico e absorvo
as tênues gotas do orvalho;
em pequenas migalhas,
me ofereço:
eu fico
e absolvo".

▲

Se quisermos compreender os pressupostos principais da visão antropocêntrica que tem dominado o cenário intelectual desde a reviravolta realizada por Kant na Filosofia, devemos examinar com cuidado a obra daquele que conduziu a abordagem transcendental a seus limites: Fichte é o filósofo da modernidade por excelência. Aliás, o pensador por excelência de nosso tempo, visto que as múltiplas formas de relativismo e ceticismo que permeiam a vida contemporânea não são mais do que o último *alento* da era moderna, o sintoma de sua decaída.

O sistema fichtiano de Filosofia contém talvez a forma mais elaborada e consistente de idealismo (subjetivo) de que se tem notícia. Sua tese central é que o sistema de Filosofia como um todo pode ser derivado de uma teoria da autoconsciência, ou da subjetividade enquanto consciente de si mesma. O mundo que consideramos distinto de nós — todos os objetos e o reino dos objetos em geral (denominado por Fichte de "não-eu") — não tem consistência própria, independente da subjetividade. Ele não é senão o produto de uma ação do sujeito enquanto visa conhecer a si mesmo, e realizar-se como ser livre.

A gênese da consciência de objetos pode ser investigada em analogia com a constituição do olhar. Imagine-se situado no pico de uma imensa montanha, o olhar perdido no vasto horizonte. Se o seu olhar não deparar com nada, nada haverá a ser visto. A potência do olhar se perde no vazio infinito. Se você, por outro lado, voltar os olhos para o chão, a tendência ao infinito será barrada, e a relva verdejante se destacará do todo. Você agora tem um objeto da percepção, e pode também reconhecer-se enquanto observador. Só há autoconsciência havendo consciência de objetos. Mas também o inverso: só há consciência de objetos havendo autoconsciência. Enquanto reconheço um item no mundo como objeto de minha consciência, estou simultaneamente reconhecendo esta consciência como minha. O sujeito e o mundo de objetos, o eu e o não-eu, constituem-se recíproca e originariamente.

Você poderia supor, então, que se a autoconsciência deve estar sempre acompanhada de uma consciência de objetos, o reino da subjetividade deve estar acompanhado por um reino do ser, exterior à própria subjetividade. Mas Fichte não supõe uma tese desse tipo, que poria em ruína seu projeto idealista. Se há um mundo de objetos, é porque a própria subjetividade, na busca por conhecer a si mesma, contrapõe a si — e dentro de si — esse reino. A subjetividade produz, em seu próprio interior, uma dicotomia entre eu e não-eu, enquanto momento no processo de desenvolvimento pleno da consciência de si.

Para Fichte, o mundo de objetos em geral, a natureza em sua totalidade, é apenas o meio para que a consciência possa conhecer a si mesma e realizar-se enquanto sujeito livre. Assim como o olhar deve repousar em algo para constituir-se como olhar, a vontade deve ter um objeto para realizar-se como vontade. O que seria de um querer destituído de objeto? Por fim, como a vontade é originariamente livre, ela não pode se satisfazer em qualquer objeto determinado, mas contém um impulso irrefreável ao infinito: a cada satisfação do querer, é contraposto um novo elemento como objeto para a vontade.

▲

Temos aqui o pressuposto central da autopercepção do sujeito moderno: toda a suposta exterioridade é simples reflexo do conhecimento de si mesmo de um sujeito, e meio para satisfação de seus interesses, ou de seu interesse originário pela liberdade. Nada na natureza pode ser um fim em si mesmo, pois apenas a subjetividade tem em si mesma o seu fim, a idéia de sua plena realização como sujeito livre. Não pode haver nenhum valor intrínseco ao mundo não-humano, pois toda normatividade brota do próprio sujeito pensante. Por fim, a ação da subjetividade sobre o mundo não encontra nenhum limite que não possa ser superado, e não deva ser superado, pelo impulso infinito na tarefa de realizar-se como sujeito livre.

É essa autocompreensão da modernidade que precisa ser superada. Somente modelos não antropocêntricos podem dar conta da urgência do enfrentamento de crises contemporâneas, sobretudo a crise ecológica, cuja gênese reside justamente na indiferença do homem diante de valores que transcendem a esfera própria a suas escolhas subjetivas, ou aos princípios derivados única e exclusivamente de sua própria capacidade de dar razões. Modelos kantianos em Ética, mesmo se centrados em uma noção de racionalidade que poderia — por princípio — estender-se a todos os seres racionais possíveis, sofrem de um déficit semelhante.

Isso vale também para teorias contemporâneas inspiradas no universalismo kantiano, como a Ética do Discurso (Apel e Habermas). Éticas centradas no discurso superam o solipsismo típico da subjetividade fichtiana, ao menos em sua dimensão teórica. O sujeito não é mais compreendido como uma espécie de unidade autocentrada e destituída de relação com outros sujeitos. Ele participa de um jogo comunicativo universalmente partilhado. Todavia, o idealismo intersubjetivo implícito nessa abordagem não é capaz de superar os limites de uma filosofia centrada no ser humano, ou em seres dotados de capacidade de argumentação, e mostra-se inócuo quando o que está em jogo é a tematização de limites efetivos e objetivos à ação do homem sobre o mundo.

O bem primeiríssimo e os bens particulares

No intuito de construir uma alternativa aos modelos antropocêntricos em Ética, parto não apenas de uma teoria do discurso, e sim de uma Filosofia que articula Metafísica da Natureza, da Lógica e da Ética. Vejamos agora como a Metafísica da Ética esteve desde sempre implícita em tudo o que foi dito até aqui.

Constituindo-se a partir do Princípio da Coerência, os seres são eventos, e os eventos, processos. Todo processo tem uma direção de movimento. Os processos cuja direção se perde no infinito jamais se consolidam: mal surgem, e são tragados novamente pelo devir universal. Somente processos cujo movimento volta sobre si, cadeias de determinação que se resolvem em processos circulares, são capazes de se preservar e gerar uma história própria. A sua direção de movimento não aponta para fora, não se perde no infinito, mas dobra sobre si, gestando processos de autodeterminação.

O processo de autodeterminação de um sistema, qualquer que ele seja, *direciona-se* para a preservação da coerência consigo mesmo ou integridade: o sistema prioriza a própria integridade diante de outros estados possíveis. Priorizar é gerar valor, mesmo quando o processo em questão se realiza de modo totalmente independente da presença de qualquer consciência ou estado mental. O estado priorizado é um *bem*.

▲

Sistemas são *centros de valoração*. Como todas as demais priorizações realizadas por um sistema supõem e são condicionadas pela preservação da coerência consigo mesmo, a integridade é o que denomino um *bem primeiro*. As demais prioridades de um sistema são os *bens segundos*.

Como todo evento no mundo é sistema ou instância de um sistema, sendo o mundo eterno enquanto sistema, nenhum evento pode deixar de preservar, em seu próprio movimento, a coerência do todo. O movimento para a integridade de qualquer sistema pressupõe e é condicionado pelo movimento para a integridade do sistema do mundo. Um bem que não pode ser relativizado ou eliminado, e que é condição de todo e qualquer outro bem possível, não é apenas um bem primeiro, mas um bem *primeiríssimo*. A integridade do mundo é o bem absoluto.

▲

Questão crucial em Ética tem sido saber como se faz a transição de sentenças descritivas a normativas, como se pode passar do ser ao dever-ser. A princípio, a regra que manda evitar esse tipo de falácia parece óbvia. Se todos os habitantes de uma comunidade se comportam de uma dada maneira, isso não significa que devam se portar desse modo. Se há uma tendência natural nos indivíduos a realizar certa ação, isso não significa que a ação seja boa. Não podemos confundir a verdade com o bem. A ponte de ligação entre ser e dever-ser não pode ser cruzada assim tão inadvertidamente. Como, então, cruzar a ponte?

A questão, contudo, é capciosa. Ela parte da suposição de que existe a necessidade de uma ponte a ligar ser e dever-ser. Vimos, todavia, que a Ética não surge como um mero acréscimo às Metafísicas da Natureza e da Lógica: integridade, totalidade e inteligibilidade são três aspectos inseparáveis do próprio mundo. O mundo é desde sempre, e em sua totalidade, perpassado por uma ordem de valores. Não há, portanto, ponte alguma a ser cruzada. Parto de um Princípio da Coerência que é desde sempre fonte de uma axiologia objetiva.

Há, isso sim, bens apenas particulares e bens universalíssimos. A verdadeira questão em Ética não reside na pergunta pela ponte entre ser e dever-ser, mas pela articulação entre o universal e o particular, entre o absoluto e o relativo. O meu ponto de partida é a investigação de um princípio universalíssimo de organização do mundo, de onde se extrai uma noção de Bem igualmente universalíssima. Vejamos agora como o Bem universal se articula com os bens particulares.

▲

Como as águas de poderosa vertente, expandindo-se ao infinito, o devir universal não admite obstáculos: barrado, transborda. Encerrada em si mesma, contida nos limites de seu próprio domínio, a razão transborda para dentro — transcendência na imanência.

▲

A integridade do mundo é um bem primeiríssimo. Isso não significa dizer que somente o mundo como um todo gera uma prioridade ou um bem primeiro. Vimos que as configurações de universo capazes de preservar a coerência consigo mesmas, e com o ambiente altamente dinâmico engendrado pelo devir universal, podem se diversificar internamente e gerar uma história própria. Constatamos justamente a presença de tendências do devir universal no sentido de selecionar configurações de universo com certo grau de complexidade interna, sistemas de mundo que instanciam subsistemas. Para além da integridade do todo enquanto sistema, as configurações de mundo engendram a sua própria integridade específica, e o mesmo fazem todos os subsistemas gerados no decorrer de uma dada história.

Há tantos bens primeiros quantos sistemas existem. Em oposição ao fundo de neutralidade disseminado pela autocoerência do mundo, que acolhe as formas mais diversas de existência sem perder-se na incoerência, a integridade de qualquer outro sistema depende de condições específicas para sua preservação. A satisfação da prioridade de um dado subsistema pode significar a derrocada da integridade de outro subsistema. Ou melhor: em uma configuração de universo prenhe de subsistemas, conflitos entre bens primeiros são inevitáveis. Cada subsistema faz de si mesmo um suposto centro do mundo, embora não seja mais do que um centro de valoração. Cada qual se movimenta no sentido de sua própria preservação. Não resulta disso a triste visão de um mundo permeado não apenas por conflitos insanáveis, mas por uma dilaceração interna forjada pela multiplicação infinita de "perspectivas", de modos de estar no mundo perfeitamente incompatíveis entre si, e mesmo incomensuráveis? A unidade do mundo não é substituída por um pluralismo inconsistente?

▲

Todavia, os sistemas de que aqui falo nunca são apenas sistemas, mas subsistemas, momentos do devir universal, instâncias do mundo. A relativização emanada de sua diversidade axiológica não pode ser ilimitada. Já vimos que nenhum bem primeiro pode deixar de pressupor a vigência do bem primeiríssimo, nenhuma integridade particular pode deixar de preservar a integridade do mundo. O bem primeiríssimo é como o *centro de convergência* de todos os bens primeiros.

Justamente na medida em que é capaz de se realizar enquanto centro de convergência de bens primeiros, em que é capaz de acolher, em seu próprio processo de autodeterminação, a síntese produtiva gestada pelo processo de autodeterminação de uma miríade de subsistemas, pode um sistema ser sistema de sistemas. Um sistema que depende da preservação da complexidade interna para evitar ser tragado pelo devir universal tem de contribuir para a produção interna de subsistemas. *O todo depende das partes.* Por sua vez, subsistemas somente preservam sua própria coerência interna enquanto, mesmo que indiretamente, contribuem para a preservação da coerência do todo a que pertencem. *As partes dependem do todo.*

A preservação de uma dada configuração particular de mundo pressupõe a realização de uma rede de interdependência de bens primeiros, de uma trama axiológica objetiva. A coerência de uma configuração de mundo resulta da dialética bem realizada entre o processo uniformizador gestado pelos centros de convergência, ou seja, por sistemas que abarcam e unificam os movimentos para a integridade de uma miríade de subsistemas, e o processo diversificador gerado pela produção constante de individuações ou subsistemas. A coerência do todo é resultado dessa tecedura axiológica, dessa trama consistente de valores distintos. Rompido o equilíbrio sutil entre os dois movimentos antagônicos da dialética do Uno e do Múltiplo, desfaz-se a rede axiológica desse mundo particular, arrebenta-se essa configuração de universo e brota outra em seu lugar. O mundo se transforma, e o devir universal segue seu curso.

A hierarquia dos bens

Todos os sistemas apresentam um movimento para a coerência consigo, e priorizam a própria integridade. Nesse sentido, todos os sistemas têm valor intrínseco. Mas isso não significa negar a presença de hierarquias axiológicas inerentes ao mundo. Pelo contrário, acredito que pelo menos dois tipos de hierarquia estejam implicados no próprio Princípio da Coerência, e se manifestem gradual e necessariamente no caso de aumento de complexidade do sistema do mundo.

O primeiro tipo de hierarquia resulta de uma consideração singela: *os sistemas mais íntegros têm prioridade sobre os menos íntegros*[15]. O incremento da integridade de um sistema decorre da *densificação* ou enriquecimento de sua identidade: quanto mais individualizado o sistema, quanto mais rico o seu *si mesmo*, quando falamos do movimento para a coerência *consigo*, mais valor ele possui. Como exemplo: um coelho possui mais valor que uma formiga, essa vale mais que uma bactéria, e assim por diante.

▲

Dito de outro modo: *quanto mais rica a subjetividade inerente a um sistema, tanto maior o seu valor*. Mediante o processo de autodeterminação, os sistemas distinguem — de modo ainda evidentemente pré-reflexivo, se considerarmos os níveis mais baixos do desenvolvimento cognitivo — entre o priorizado e o não-priorizado, podendo esta distinção primeira desencadear novas distinções (entre eventos coerentes e incoerentes com o próprio sistema, por exemplo). Temos, nesse comportamento distinto associado coerentemente a uma diversidade de informações, uma forma rudimentar de seletividade de informação, uma forma primeva de cognição prática, que é uma das mais singelas manifestações de subjetividade.

---

[15] Ou seja, os sistemas qualitativamente mais complexos têm prioridade sobre os mais simples. É o que chamo de hierarquia por complexidade intensiva — em oposição à complexidade meramente extensiva ou quantitativa (cf. E. Luft, *Sobre a integridade*, p. 164).

À densificação da identidade de um sistema corresponde um gradativo enriquecimento da capacidade de seleção de informação, um aprimoramento da atividade cognitiva. O aumento de integridade traz consigo um incremento de subjetividade. Esses sistemas valem mais porque possuem uma subjetividade mais rica.

Nesse sentido, concordo com Schelling e Hegel: o mundo é permeado por subjetividade, desde os níveis mais baixos de organização até os níveis mais altos. Mas não concordo com a idéia de que exista apenas uma direção possível da evolução do mundo — apenas uma forma de subjetividade como fim do processo evolutivo —, e muito menos qualquer teleologia do incondicionado. Defendo, como disse anteriormente, uma teleologia dinâmica e multidirecional.

Dizer que a subjetividade pervade tudo o que há é o mesmo que dizer: a razão ou inteligência pervade tudo o que há. E essa é a minha resposta à questão lançada no prefácio: "Se o universo é destituído de inteligência, como explicar a presença de ordem no mundo? Ou pior: como explicar nossa própria presença no mundo?". Não, o universo não é destituído de inteligência.

▲

Mas a densificação da integridade não seria possível sem a presença do adequado equilíbrio do Uno e do Múltiplo no âmago dos sistemas em questão. Vimos que a estabilidade de um mundo complexo supõe a dialética adequada entre o processo de geração de subsistemas (diversificação) e sua integração em um sistema mais abrangente (uniformização); ou seja, ela pressupõe a formação de uma trama consistente de valores (bens primeiros) distintos. Na verdade, no capítulo segundo tornou-se claro que, excetuando-se a autocoerência do mundo — que é eterna —, a integridade de todo e qualquer sistema pressupõe o encontro do equilíbrio adequado entre os processos antagônicos da uniformização e da diversificação, garantia de sua preservação no ambiente dinâmico do devir universal.

A Metafísica da Ética segue muito próxima da Metafísica da Natureza: em ambos os casos, investigamos a natureza mesma do mundo, sua racionalidade intrínseca assentada na dialética do Uno e do Múltiplo, ou seja, no Princípio da Coerência. Há, contudo, uma diferença importante: a Ética não consta apenas do exame do mundo em sua estrutura organizadora, mas busca observar as hierarquias de valor a ele intrínsecas, e fornecer critérios de orientação de nossa conduta.

Agora podemos explicitar o segundo tipo de hierarquia. A agregação de maior valor resulta, nesse caso, das *contribuições* de cada sistema: um sistema tem tanto mais valor quanto mais positiva sua contribuição na promoção da integridade nos diversos níveis sistêmicos, levando-se em conta a dialética adequada entre o Uno e o Múltiplo. Não se pode saber antecipadamente em que medida um sistema contribui para a promoção de integridade significativa, pois sempre temos de levar em consideração o contexto. Lembre-se de que o "adequado equilíbrio entre o Uno e o Múltiplo" é contexto-dependente, ou seja, saber qual o grau do equilíbrio necessário para preservar a integridade de certo sistema só é possível avaliando o sistema e a situação em questão.

Um caso típico dessa forma de hierarquia dá-se com a presença no mundo do que chamei anteriormente de centros de convergência. Um sistema que acolhe, em seu próprio processo de autodeterminação, o movimento para a integridade de uma miríade de subsistemas contribui para a preservação não só de seu bem primeiro, mas dos bens primeiros dos subsistemas em questão. Como exemplo: o colapso da configuração constitutiva de todo um ecossistema determinado, a perda de sua integridade, de cuja preservação depende uma miríade de subsistemas, tem conseqüências éticas mais drásticas do que o colapso de um dos subsistemas em questão. Embora o exemplo torne patente que existe uma certa assimetria entre a contribuição do todo e das partes — comumente, o todo contribui mais do que as partes para a promoção geral da integridade —, a hierarquia que tenho em mente deve contabilizar o impacto da presença de *todo e qualquer sistema* sobre os demais, e portanto também dos subsistemas.[16]

---

[16]Sendo assim, ela é mais abrangente do que a "hierarquia por complexidade extensiva", como a denominei em artigo de 2004. (E. Luft, *Sobre a integridade*, p. 164).

Devo salientar ainda que, enquanto a hierarquia por densificação reporta-se ao valor intrínseco dos sistemas, a hierarquia por contribuição diz respeito ao seu valor instrumental.[17]

▲

Mesmo levando-se em conta toda a sua relevância, dessas hierarquias axiológicas não se pode derivar diretamente normas de ação em contextos específicos: trata-se de condições necessárias, mas não suficientes, de uma Ética aplicada. Sobretudo, é preciso levar em consideração também os demais valores produzidos por cada sistema, ancorados em seu bem primeiro, e a importância de sua pertença a determinado contexto axiológico objetivo (à trama de valores gerada por sua relação com os múltiplos outros sistemas no entorno). Detenho-me aqui, portanto, mais nas questões de princípio, e deixo em aberto o desenvolvimento dos pormenores da aplicação dos princípios a contextos concretos.

▲

---

[17]Sobre valor intrínseco e instrumental, cf. H. Rolston, *Environmental Ethics*, p. 186.

Se há eventos que contribuem para a preservação da integridade do todo a que pertencem enquanto subsistemas, há outros que fazem exatamente o inverso: eles abalam o solo que lhes dá guarida, parasitam o corpo que lhes dá vida; vivem na exata medida em que esta perturbação não conduz imediatamente à derrocada da vida que parasitam. Mas sua presença perturba o ambiente em que vivem, e contribui para o colapso dos centros de convergência de que depende sua própria existência. Eu os chamo *eventos anti-sistêmicos*. A investigação de eventos anti-sistêmicos é um bom modo de compreender a vigência irrenunciável do Princípio da Coerência como a natureza fundamental de todo ser.

▲

Vida, breve vida:
um sopro
entre duas tempestades.

▲

Imagine um subsistema que se movimenta para a coerência consigo e gera, portanto, um bem primeiro a princípio estável, mas parasita um sistema de que depende crucialmente, de modo que o seu processo de autodeterminação conduz, a médio prazo, ao colapso desse sistema mais abrangente. Ora, visto de um ponto de vista amplo, o seu modo de existência é incoerente, pois ele solapa as bases de que depende para preservar a si mesmo. Embora, à primeira vista, o processo de autodeterminação do subsistema seja coerente consigo, ele não o é do ponto de vista mais abrangente. É como se a sua prioridade cancelasse a si mesma, justamente quando é bem implementada.

Uma maneira eficaz de avaliar se certo evento é ou não um evento anti-sistêmico é considerar se o seu modo de existência pode ou não ser universalizado. Como a sua simples presença contribui para a perturbação da integridade de que depende crucialmente para existir, a generalização de seu modo de existência tem de conduzir ao colapso de si mesmo. Eventos anti-sistêmicos são incoerentes, mesmo que sua incoerência só possa se revelar em um prazo mais longo. A generalização hipotética permite antecipar as conseqüências de um certo modo de existência, e averiguar, assim, sua coerência ou incoerência.

▲

As análises anteriores podem ser o ponto de partida de uma aproximação entre a teoria ética que tenho defendido e os princípios da moral kantiana. Tenha em mente a primeira fórmula do imperativo categórico: "Atua apenas segundo aquela máxima que possas ao mesmo tempo querer que se torne lei universal."[18] "Roubarás" — para fazer uso de um exemplo mais forte do que o empregado por Kant na *Fundamentação*

---

[18]*Grundlegung zur Metaphysik der Sitten*, p. 421.

da Metafísica dos costumes —, não é uma máxima que podemos querer racionalmente que se torne uma lei universal, pois a sua universalização implica a destruição da condição necessária de possibilidade do próprio roubo. A ação de roubar parasita a sociedade ou o sistema de relações sociais assentado no regime capitalista e no respeito à propriedade privada. A sua generalização, a partir da aplicação universal da regra "roubarás", conduziria à destruição daquele tipo de sociedade sem a qual a própria ação de roubar perde o seu sentido. O roubo é, assim, um evento anti-sistêmico e incoerente que deve ser evitado. Esse compromisso com a recusa do roubo é uma contrapartida do compromisso prévio com a estabilização das relações sociais — autocoerência do todo social — no modelo de sociedade em que vivemos, que é precondição para a preservação dos próprios agentes enquanto membros de uma sociedade capitalista.

A primeira fórmula do imperativo categórico *poderia* ser descrita, portanto, como uma aplicação do Princípio da Coerência, no intuito de detectar eventos anti-sistêmicos. O que está em questão na primeira formulação do imperativo é a procura por centros de convergência de bens primeiros: nesse caso, regras que possam ser aceitas por igual por todos, e, desse modo, permitam que as vontades dos múltiplos indivíduos coincidam no querer de um mesmo bem universal. Contudo, o modelo kantiano não tem em vista a coerência entre diferentes níveis sistêmicos no mundo objetivo, mas a coerência da razão pura consigo mesma; enquanto a Filosofia kantiana se movimenta inteiramente no âmbito de uma abordagem transcendental, tenho defendido uma Metafísica da Ética de cunho objetivista e dialético.

Vamos à segunda fórmula do imperativo categórico: "Atua de modo a utilizar a humanidade, tanto na tua pessoa quanto na pessoa de todos os outros, sempre ao mesmo tempo como fim, e nunca apenas como meio."[19] A versão é notoriamente antropocêntrica. Todavia, se considerarmos que a presença de uma teleologia imanente é constitutiva do movimento para a coerência consigo que gera bens primeiros, a formulação kantiana não estaria tão longe do que eu visava ao estabelecer uma hierarquia de bens a partir da noção de densificação da integridade — quanto mais rica a identidade de um sistema, mais valor ele possui. A diferença crucial entre os dois modelos, nesse contexto, é que a Metafísica da Ética expande a noção de fim imanente para muito além do ser humano, como vimos.

Ainda assim, apesar das divergências, é interessante perceber como as duas fórmulas do imperativo categórico, abstraídas de seu vínculo com a filosofia transcendental, podem ser integradas e harmonizadas no contexto da presente Metafísica da Ética: elas não seriam mais do que momentos da teoria axiológica derivada da vigência objetiva do Princípio da Coerência no mundo.

▲

Deve-se ainda salientar que, sem a explicitação da axiologia associada ao Princípio da Coerência, não é possível nem demonstrar a íntima articulação das duas formula-

---

[19]*Grundlegung zur Metaphysik der Sitten*, p. 429.

ções do imperativo categórico, nem atentar para o fato de que certas prioridades podem ser questionadas em nome de novas realizações da coerência consigo.

Levando em consideração o exemplo acima tratado, poderíamos dizer: é verdade que o respeito à propriedade privada é decisivo no contexto de uma sociedade capitalista; mas não seria possível preservar a coerência das relações sociais em uma sociedade não-capitalista? Será o respeito à propriedade privada uma pressuposição necessária de toda e qualquer vida social? Certamente, não. Um marxista poderia argüir que faz sentido seguir a regra "roubarás", se e enquanto o que se deseja é justamente a dissolução da vida social assentada nos ideais capitalistas, e sua substituição por outra sociedade possível, capaz de dispensar muitos desses ideais. Não está em jogo nesse contexto a viabilidade ou não, nem a correção (no sentido ético) dos desejos marxistas, mas vemos nesse contexto o quanto muitos de nossos valores são mais relativos do que podemos supor à primeira vista. A sua problematização é possível, embora possa ser questionada, tendo em vista conseqüências indesejáveis.

Mesmo um bem primeiro *pode* — não significa que *deva* — ser posto em questão se pressupusermos um novo sistema em relação ao qual a problematização daquele primeiro nível se apresenta como uma possibilidade, preservando-se a autocoerência do novo sistema em questão. Do ponto de vista do novo sistema, a problematização das prioridades anteriormente dadas é uma possibilidade, um momento de sua *liberdade*.

Denomino liberdade à capacidade de um sistema se mover em um campo de possibilidades, gerando variação interna sem entrar em colapso enquanto sistema. A liberdade, portanto, depende da possível variação de certas determinações, ou mesmo de certos bens segundos relativos ao sistema, preservando-se a sua integridade. Há uma liberdade pré-reflexiva e espontânea na natureza, condição para a emergência do agente ético e sua liberdade reflexiva.

O mundo, sua dor e seu bálsamo

A dor do mundo

> *O ar brotou da terra*
> *em sulcos litúrgicos*
> *e o som do oboé*
> *derreteu-se*
> *na alma esculpida sobre a casa –*
> *você tem medo das muralhas do sem-nome?*
> *Pois nunca se fez algo tênue*
> *sob o sol*
> *e acabo tendo a presunção*
> *de uma metástase*
> *na sinfonia verde*
> *do impotente arraial*

▲

Vimos que o mundo é permeado por valores: a ordem mesma do mundo supõe a presença de uma trama axiológica objetiva. Mas somente os seres humanos são capazes de reconhecer as hierarquias de valor inerentes ao mundo, e perguntar pelo sentido ético abrangente do devir universal. O pensamento humano traz profundidade ao mundo, e também se envolve em paradoxos. O mundo humano está permeado por duas características dos seres pensantes: a presença de liberdade reflexiva, ou seja, ação livre mediada pelo pensamento crítico; a capacidade de observar o mundo de uma perspectiva universal.

A liberdade reflexiva depende de nosso pressuposto metafísico mais fundamental: há múltiplos modos possíveis de realizar a autocoerência do todo, e isso não apenas no contexto do mundo em sua totalidade, mas também no âmbito dos subsistemas. É verdade que o campo de variações possíveis é menor quando levamos em conta um sistema específico. Todavia, uma certa dose de flexibilidade é condição necessária de possibilidade da adaptação ao universo dinâmico a que pertencemos. Como seres livres, usufruímos essa liberdade espontânea e a transformamos, pela mediação do pensamento, em liberdade reflexiva.

▲

Mas o outro traço decisivo dos seres pensantes é sua capacidade de observar o mundo de uma perspectiva universal. O olhar de um observador universal constitui o que poderíamos chamar de ator universal: não um agente concreto, como eu e você em nossa ação sobre o mundo, mas a idéia, discursivamente elaborada, de um agente capaz de encarnar o papel de múltiplos outros agentes ou sistemas. O que surge como coerente da perspectiva de um sistema pode ser exatamente a incoerência do ponto de vista de outro.

Lembre-se das análises feitas anteriormente. Vimos que a preservação de dado ecossistema supõe a formação de centros de convergência e, portanto, a articulação coerente do movimento para a integridade de múltiplos subsistemas. Sendo a integridade o bem primeiro, um certo grau de realização do bem em diversos níveis sistêmicos é condição para o sucesso evolutivo de um sistema complexo. Isso não significa, obviamente, dizer que o bem seja preservado em todos os níveis.

O senso de que certos bens primeiros não são satisfeitos, e de que a incoerência regional não raras vezes é o preço que se paga para a coerência do todo, é algo que pesa sobre nós. Como seres pensantes, não podemos deixar de observar o mundo de uma perspectiva universal. Imagine-se assumindo, por exemplo, os papéis da caça e do predador. Do ponto de vista da presa, o ataque do predador deve ser evitado, e a consumação do ataque seria a perda de sua própria integridade. Do ponto de vista do predador, o sucesso na caça é a preservação de sua integridade. A situação é paradoxal. A vida do predador *é* a morte da presa, a coerência em seu organismo *é* a incoerência no organismo da presa. E você observa o mundo de ambos os pontos de vista, e o paradoxo o paralisa.

Apesar desse conflito entre bens, a alimentação tem sua razão de ser no quadro geral de um ecossistema: para se estabilizar em um sistema de sistemas, a vida universal supõe a limitação da produção potencialmente infinita de vidas individuais. Além de garantir a preservação de dadas espécies, a destruição via alimentação evita o aumento desmesurado de certas populações, cujo resultado poderia ser o colapso de regiões inteiras do ecossistema. Contudo, o olhar de quem é vítima, a leitura de sua situação no mundo, entra em conflito com o olhar de quem é predador, e o argumento não retirará da mente do observador universal a sensação dolorosa da presença insanável de um movimento para a incoerência no mundo. O mundo *sofre* a seus olhos, apesar da racionalização.

▲

A obra inteira de um pensador como Schopenhauer vem a ser justamente uma extensa indagação sobre a dor do mundo, embora o filósofo eleve à totalidade o que é apenas um aspecto do mundo, potenciado, ampliado ao infinito pelas lentes de uma mente em sofrimento.

A *ilusão do incondicionado*

Na tentativa de encontrar um bálsamo para a dor do mundo, podemos nos tornar vítimas de pelo menos duas formas do que denomino a *ilusão do incondicionado*.

Se incoerências regionais são inevitáveis no mundo, devemos buscar aquele bem que esteja imune a toda incoerência possível, aquela perspectiva que não pode ser relativizada por qualquer perspectiva. Poderíamos encontrar um bem que estivesse para além de todos os conflitos entre bens, uma perspectiva que transcendesse e integrasse todas as perspectivas? Já vimos que o bem universal não apenas existe, mas é a condição para toda e qualquer outra forma de bem: para a coerência do mundo, enquanto bem primeiríssimo, convergem todos os múltiplos bens primeiros. A primeira forma de ilusão do incondicionado, todavia, brota de uma leitura peculiar do absoluto: somente o valor absoluto pode ser considerado valor no sentido estrito do termo.

Ao assumir múltiplas perspectivas, o ator universal põe em dúvida todos os valores aceitos a partir de visões parciais, mostra sua problematicidade diante de outros valores e de outras perspectivas, e considera-os inteiramente dispensáveis. Somente possui valor o que resiste à ação corrosiva da crítica, somente o valor não relativizável por nenhuma perspectiva, somente o valor absoluto é verdadeiramente valor. A Ética não pertence ao mundo, dirá Wittgenstein,[20]

---

[20] "O sentido [ético] do mundo precisa residir fora do mundo" (*Tractatus logico-philosophicus*, 6.41).

justamente porque o mundo sobre o qual falamos é preenchido por valores relativos.

A segunda forma de ilusão do incondicionado tem origem semelhante, embora leve a conseqüências inteiramente diversas. Ela parte da constatação da precariedade, da imperfeição do mundo concreto em que vivemos, e do conflito de valores supostamente insanável que o pervadiria de ponta a ponta. Busca-se o bálsamo da dor do mundo não em um indiferentismo moral, e sim na convicção de que essa precária trama de valores, em grande medida contingente, resultado de uma história de origens imemoriais, deveria ser corrigida pelo conhecimento do absoluto. Os homens poderiam rever radicalmente seus próprios valores e, apoiados na visão do absoluto, deveriam impor uma nova ética aos demais, capaz de solucionar os conflitos éticos que perpassam nossa compreensão habitual do mundo. Eles deveriam como que "trazer o absoluto ao mundo", e cravá-lo junto de si, ou seja, impregnar de valores absolutos uma realidade até então permeada de prioridades precárias e relativas.

▲

A primeira forma de ilusão do incondicionado desconhece o fato de que um bem não absoluto ainda assim é um bem, de que toda nossa vida concreta é preenchida por bens não absolutos e, mais ainda, de que o bem verdadeiramente absoluto se manifesta apenas no todo, e jamais em suas partes.

Mas o filósofo do incondicionado julga realizar em si o absoluto. Ele confunde a idéia discursivamente elaborada de um ator universal — alguém que é capaz de se colocar do ponto de vista de todas as perspectivas, e para além de todas elas — com sua própria realidade objetiva. Crê a si mesmo o próprio incondicionado, e supõe-se capaz da radical indiferença, não percebendo o quanto permanece refém de certas prioridades das quais não quer ou não pode abrir mão, apesar de serem prioridades relativas. Trata-se, todavia, de uma ilusão, pois o observador universal jamais deixou de ser este agente concreto, com seus próprios condicionamentos e sua própria história concreta de vida. Todo o seu ser concreto é uma prova viva de que bens não absolutos são, apesar de tudo, bens.

A segunda forma de ilusão do incondicionado não está centrada na fuga do mundo, mas na tentativa de sua purificação. *É a mais perigosa forma de desvirtuamento da Ética.* O filósofo julga poder "trazer o absoluto ao mundo", substituir a nossa frágil vida comum por uma moral efetivamente rigorosa, que teria de ser, então, imposta aos demais.

Deixa-se de ter presente que a integridade já está sendo promovida, em maior ou menor grau, na realidade em que vivemos — no reino natural, bem como no mundo humano; que a orientação ética da vida se funda em uma razão imanente ao mundo, e não em princípios retirados de alguma esfera supra-sensível; que a trama concreta de valores engendrados e seguidos espontaneamente pelos agentes é oriunda de uma história não predeterminada pelo Princípio da Coerência, e ainda assim significativa em termos éticos (mesmo que passível de crítica); que nossas indagações sobre a boa conduta podem ser postas em questão pelos demais; e, por fim, que é um contra-senso querer absolutizar o que é por princípio relativo.

Fundada como está em modelos utópicos, sem lastros na realidade, abastecida pelo delírio da realização do "absoluto" no mundo concreto, a ação do filósofo dogmático não faz mais do que aprofundar as rachaduras da realidade ética em que vivemos. Por outro lado, a presença impositiva de um suposto detentor do saber absoluto, de um *censor*, se efetivada em um modelo político, resulta na doma dos agentes concretos, e não em sua libertação.

Acredito que o modelo de homem ético seja o perfeito antípoda do censor. Ele não indaga pelo bem com o intuito de julgar os outros, ou modificar a vida dos outros. Preocupa-se mais em mudar a si mesmo do que a ordem do mundo, para falar com Descartes. Realiza em si mesmo o bem, participa da natureza das coisas, e por isso mesmo difunde o bem no meio circundante. Ele não age "por dever", mas de modo livre e espontâneo.

▲

Por fim, denomino ambas as posições criticadas como formas de ilusão do incondicionado porque é justamente a leitura do absoluto enquanto incondicionado que permite a dissociação radical entre a realidade concreta relativa em que estamos inseridos e uma suposta esfera absoluta à qual a primeira deveria ser reassociada, ou da qual se afastaria de modo irremediável. A tradição costumou considerar o termo "absoluto" sinônimo de "incondicionado". O termo "incondicionado" é vinculado a conceitos como "identidade absoluta" (Schelling) — em detrimento da diversidade —, ou "necessidade absoluta" (Hegel) — em detrimento da contingência. Vimos, pelo contrário, que subdeterminação e contingência são propriedades objetivas e constitutivas do modo como se efetiva o Princípio da Coerência (a razão absoluta). Trata-se de condicionamentos originários do processo de autodeterminação do mundo, mas condicionamentos gerados por sua própria atividade absoluta, pela vigência universalíssima do Princípio da Coerência. O absoluto é, portanto, autocondicionado, e não incondicionado. Absolutidade e relatividade são apenas dois aspectos complementares de um e o mesmo todo, o mundo onde estamos inseridos.

O espelho do mundo

A tecelã e a rede de valores

Eu, você e todos os demais seres humanos somos filhos de uma dada história do mundo, uma gênese que poderia ter ocorrido de modo inteiramente diverso. Pertencemos a uma realidade concreta assentada em sua própria trama objetiva de valores. Possuímos nossas próprias prioridades legadas por condicionamentos biológicos e culturais.

Somos seres vivos, dotados de inúmeros condicionamentos biológicos, que engendram uma constelação específica de prioridades. Como sistemas biológicos, temos por bem primeiro a preservação de nossa integridade física e, por bens segundos, enquanto seres sencientes, o alívio da dor e satisfação das necessidades. Possuímos, além disso, uma série de outras prioridades cuja investigação cabe à Sociobiologia: por exemplo, enquanto partilham um mesmo patrimônio genético, pais e filhos têm prioridades em comum que fundam o comportamento altruísta.

Como membros de uma comunidade, participamos do mundo simbólico nela produzido, de seus dilemas, suas esperanças, seus medos, suas tristezas e alegrias. Visamos, enquanto indivíduos, à preservação da integridade do sistema de nossas crenças, e participamos da promoção da integridade do sistema de crenças básicas comuns à nossa cultura. Temos nossa conduta impregnada das prioridades inerentes à nossa comunidade, e reatualizamos esses valores continuamente em hábitos e costumes.

▲

Imagine a ação de uma tecelã reconstruindo a rede que a sustenta e a impede de cair no abismo que se estende a seus pés. A rede apresenta danos, e ela tem de modificá-la a partir de dentro, substituindo a trama já tecida por uma nova urdidura. Todo cuidado é pouco. É preciso evitar que a eliminação desse ou daquele fio desfaça o tapete, e o abismo a engolfe.

▲

Ainda assim, tendo tudo isso em vista, somos seres livres. A liberdade reflexiva é a capacidade de utilizar o pensamento crítico com o intuito de problematizar prioridades já dadas em nome de novas realizações possíveis da coerência consigo e com o entorno.

O Princípio da Coerência é neutro com relação a uma série de prioridades que poderíamos julgar substantivas. É tal neutralidade que possibilita a tomada de distância necessária para a efetivação do pensamento crítico, e de uma sociedade fundada na liberdade. Se há mais de um modo possível de realizar a integridade do tecido social, as redes axiológicas que sustentam uma dada sociedade podem ser questionadas em nome de novas realizações da integridade do todo.

As redes de valores culturais que sustentam as múltiplas sociedades foram produzidas pelos próprios seres humanos no decorrer de sua história. A sua crítica é não apenas possível, mas mesmo importantíssima, se levarmos em conta o dinamismo do mundo em que vivemos, e a necessária adaptação a sempre novas situações. Ela deve, contudo, ser exercida de modo responsável e cuidadoso, pois não raras vezes o resultado de uma ruptura abrupta com o passado é a queda aquém do nível de eticidade alcançado até o momento. A liberdade deve ser exercida com cuidado, já que nada garante que o resultado da crítica de nossas tradições não seja um retrocesso, no sentido ético do termo.

▲

O sentido metafísico da ação livre reside justamente no fato de que ela é uma das possíveis realizações do equilíbrio entre uniformização e diversificação, do refinamento da dialética do Uno e do Múltiplo, instância de um movimento geral para a coerência sempre renovado. De um lado, a liberdade é a condição para a produção de diversidade interna que enriquece a vida da sociedade, permitindo a renovação necessária a adaptações futuras. De outro lado, a presença autárquica e independente de cada indivíduo é o símbolo vivo da autarquia absoluta da totalidade do mundo: um espelho do mundo.

A contemplação do mundo

Se levarmos em conta os condicionamentos, biológicos e sociais, a que estão expostos os indivíduos, é compreensível que eles tendam a promover mais a integridade em si mesmos e nos sistemas de que dependem crucialmente. Todavia, a sua ação tem *objetivamente* tanto mais valor quanto maior o impacto positivo que ela venha a ter no sentido da promoção do bem nos diversos níveis sistêmicos, levando-se em conta as hierarquias mencionadas anteriormente e o contexto axiológico em questão.

A ação ética deve estar orientada para a difusão do bem no ambiente próximo e remoto. Mas não devemos nos iludir: o bem absoluto só é possível no todo do mundo, e em nenhum subsistema; o mal absoluto não é possível de modo algum. Dito de outra forma: só o mundo é absolutamente coerente consigo mesmo; toda incoerência radicalizada em qualquer subsistema conduz necessariamente a um novo movimento para a coerência em um sistema mais abrangente.

Uma observação cuidadosa, orientada pela pergunta "que é o cerne mesmo de cada ser?", não tardará a revelar uma verdade universal: os seres relativos são destituídos de essência; só há uma essência no mundo, qual seja, a natureza íntima do próprio mundo, o Princípio da Coerência em sua vigência universalíssima. Tudo o que observamos como o cerne mesmo de cada ser relativo, ou subsistema, não é propriamente sua essência, mas um fenômeno, um estado circunstancial e passageiro. A existência é uma forma de suspensão do tempo: cada ser preserva sua própria integridade, realiza em si mesmo uma versão específica, particularizada, da razão do mundo e, assim fazendo, espelha o Todo a seu modo, e adia seu desvanecer; mas o espelho é frágil, a potência do tempo permanece oculta em seu íntimo e, como as águas imponentes de um rio contidas por uma barragem, não tardará a manifestar sua força, arrebentando a tênue lâmina da vida, apagando a imagem fugidia do todo que brilhava sobre ela, e dando espaço para que um novo fenômeno surja em seu lugar.

▲

O sentido último da ação de cada indivíduo é a participação e promoção do curso universal, o movimento geral para a coerência que realiza, em seu ápice, a integridade do mundo. Lembro apenas que o bem primeiríssimo não é a presença estática de uma suposta identidade absoluta no movimento puramente tautológico de um sistema que reitera sua ordem interna, mas a presença dinâmica de uma totalidade que, ao movimentar-se para a coerência consigo, tende eternamente à realização de múltiplas configurações de mundo. O movimento para o bem primeiríssimo é simultaneamente movimento de instauração de uma história sempre renovada.

▲

No comportamento exterior, a afinidade com todas as manifestações da integridade nos mais diversos sistemas naturais; e o respeito tanto maior quanto maior o valor do sistema em questão. Na intimidade do pensamento, a contemplação da coerência indissolúvel do mundo, receptáculo neutro de todos os eventos atuais e possíveis; a compreensão da renovação contínua do Todo e da transitoriedade dos inúmeros sistemas finitos; por fim, a percepção de si mesmo como o tranqüilo espelho do devir universal — e quietude.

Terminologia 3

Antropocentrismo — Perspectiva em Ética que considera o homem o único ser passível de consideração moral.
Axiologia — Teoria dos valores. Defendo uma *axiologia objetiva*, ou seja, uma teoria dos valores ancorada em hierarquias inerentes ao mundo.
Bem — Prioridade.
Bem primeiro — A prioridade fundamental de que dependem as outras prioridades (denominadas *bens segundos*): a integridade.

Bem primeiríssimo — O bem absoluto, a integridade indissolúvel do mundo.

Filosofia transcendental — A filosofia desenvolvida por Kant, que busca extrair da razão pura os princípios universais do conhecimento objetivo e da moral.

Hierarquia axiológica — A hierarquia dos bens primeiros. Dois tipos de hierarquia estão implicados no Princípio de Coerência: a) quanto mais rica a identidade de um sistema, mais valor ele possui (hierarquia por densificação); b) quanto maior a sua contribuição para a promoção de integridade nos diversos níveis sistêmicos maior o seu valor (hierarquia por contribuição).

Idealismo subjetivo — A perspectiva fichtiana segundo a qual o mundo em sua totalidade é produto da atividade mental de um ser pensante. Não confundir com o *idealismo objetivo* (Schelling e Hegel), segundo o qual o mundo é fundado em uma inteligência ou razão objetivas.

Idealismo intersubjetivo — Perspectiva que considera os sujeitos em relação recíproca como fundamento do sistema filosófico.

Integridade — A coerência de um sistema consigo mesmo.

Liberdade — A capacidade de um sistema de se mover em um campo de possibilidades, gerando variação interna sem entrar em colapso enquanto sistema. A *liberdade reflexiva* é liberdade mediada pelo pensamento crítico.

Seres sencientes — Os seres capazes de sentir (utilizo o termo em sentido mais específico: os seres capazes de sentir dor ou prazer).

Solipsismo — A situação de uma subjetividade autocentrada, permanecendo em isolamento e sem qualquer possibilidade de contato com outras subjetividades, ou mesmo com o mundo.

Resumo

Em seu processo de autodeterminação, os sistemas priorizam a preservação de sua própria integridade diante de outros estados possíveis. Toda prioridade é um bem, e a integridade é o bem primeiro de um sistema, do qual dependem todas as suas demais prioridades, ou bens segundos. A integridade do mundo é o bem primeiríssimo, a invariância implícita em toda variação do mundo. Pode-se derivar da vigência objetiva do Princípio da Coerência duas hierarquias de bens primeiros — as hierarquias por densificação e por contribuição. A própria ordem de uma configuração particular de mundo depende da constituição de uma trama objetiva de bens, de uma dialética bem-sucedida entre o todo e as partes. Isso não significa que toda integridade seja preservada quando da constituição de um dado sistema complexo. A presença de seres sencientes no universo traz, aos olhos de um observador universal, o triste espetáculo da dor do mundo. Impactado, o observador, cada um de nós, pode buscar refúgio na idéia do incondicionado, que se revela uma ilusão. O desafio de uma orientação racional da conduta, capaz de enfrentar o espetáculo da dor do mundo, convida à elaboração de uma ética capaz de conciliar o caráter universalíssimo das hierarquias de bens primeiros e o traço contextual dos valores historicamente situados. Orientada pela idéia da difusão do bem no meio circundante, a ação do homem ético espelha a integridade do mundo.

Referências bibliográficas

Aristóteles. *Aristotle's Metaphysics*. Oxford: Clarendon Press, 1958, v. I-II.
Cirne-Lima, C. *Dialética para principiantes*. Porto Alegre: Edipucrs, 1996.
Conche, M. *Orientação filosófica*. São Paulo: Martins Fontes, 2000.
Diels, H./ Kranz, W. *Die Fragmente der Vorsokratiker*. 10ª ed. Berlim: Weidmannsche Verlagsbuchhandlung, 1960-61, v. I-III.
Hegel, G.W.F. *Wissenschaft der Logik*. In: *Werke in 20 Bänden*. 2ª ed. Frankfurt am Main: Suhrkamp, 1990, v. V-VI.
Kant, I. *Grundlegung zur Metaphysik der Sitten*. In: *Kant's gesammelte Schriften*. Berlim: Georg Reimer, 1911, v. IV.
Luft, E. *Para uma crítica interna ao sistema de Hegel*. Porto Alegre: Edipucrs, 1995.
____. *As sementes da dúvida. Investigação crítica dos fundamentos da filosofia hegeliana*. São Paulo: Mandarim, 2001.
____. *Sobre a integridade. Em busca de uma ética objetiva*. In: C. Cirne-Lima/I. Helfer/L. Rohden. Dialética, caos e complexidade. São Leopoldo: Editora Unisinos, 2004, p. 131-176.
Nagel, T. *Visão a partir de lugar nenhum*. São Paulo: Martins Fontes, 2004.
Platão. *Theaitetos* (Teeteto). In: Sämtliche Werke. Frankfurt am Main/Leipzig: Insel, 1991, v. VI.
____. *Philebos* (Filebo). In: Sämtliche Werke. Frankfurt am Main/Leipzig: Insel, 1991, v. VIII.

Rolston, H. *Environmental Ethics. Duties to and Values in the Natural World*. Philadelphia: Temple University Press, 1988.
Ruffié, J. *Tratado do ser vivo*. Lisboa: Fragmentos, s/d.
Sexto Empírico. *Against the Logicians*. Cambridge: Harvard University Press, 1997, v. I-II.
Smolin, L. *The Life of the Cosmos*. New York/Oxford: Oxford University Press, 1997.
Wittgenstein, L. *Tractatus logico-philosophicus*. 11ª ed. In: *Werkausgabe in 8 Bänden*. Frankfurt am Main: Suhrkamp, 1997, v. I.

O *texto deste livro foi composto em Sabon,
desenho tipográfico de Jan Tschichold de 1964,
baseado nos estudos de Claude Garamond e
Jacques Sabon no século XVI, em corpo 11,5/16,5.
Para títulos e destaques, foi utilizada a tipografia
Frutiger, desenhada por Adrian Frutiger em 1975.*

*A impressão se deu sobre papel off-white 80g/m²
pelo Sistema Cameron da Divisão Gráfica da
Distribuidora Record.*